JN071111

रमण महर्षेः प्रवचन दृष्टयः

ラマナ・マハルシの思想

Glimpses of Ramaṇa Maharṣi's Darśana

真下尊吉

東方出版

Dedicated to

Srī Ramaṇa Maharṣi

the *late* Prof. Tadashi Yanagida

with Gratitude and Devotion.

シュリー・ラマナ・マハルシ

故　柳田侃　先生

に捧ぐ

まえがき

アーシュラマ園内にて

故柳田侃先生のご著書『ラマナ・マハルシの言葉』は、１９９０年代に読んだが、その後、先生とは、あるご縁でティルヴァンナーマライのラマナ・マハルシのアシュラムへ案内していただくことになった。１９９９年と２００１年のことである。先生が２００４年に亡くなられた後も、ラマナ・マハルシに関心のある方は全国にあり、私も事情があって兵庫県に居を移すことになった時、たまたま、先生が定期的に開いておられた、日本ラマナ協会関西研究会の会合に初めて出席したが、まもなく閉鎖となった。しかし、ここ神戸の土地から研究会が消えることを残念がられた有志の方々のご希望により、結果的にインド思想の研究会「ニャーナ・プラープティヒ」を立ち上げることになり、主幹を努めさせていただいた。２０１１年のことである。皆さんのご協力があって隔月に１回ずつ行い５４回を数えて、現在に至っている。

ラマナ・マハルシ自筆の「コーハム कोऽहम् ？（私とは誰か）」をサンスクリット原文で読みたいと思ったのは、柳田侃先生訳の『ラマナ・マハルシの言葉』にあった「まえがき」の次の一文であった。柳田先生のお人柄と誠実さが表れていて非常に心打たれたからである。

「いうまでもなくマハルシの作品をタミル語の原文から直接日本語に訳することがもっとも望ましい。しかしそれは極めて困難である。マハルシはごく僅かの作品しか書かなかったが、その大部分はタミル語の詩（韻文）である。それを正確に訳すことは殆ど不可能に近い。かつて私は、マハルシの詩の英訳者の一人であるサードゥ・アルナーチャラ（M・A・W・チャドウイック）がその英訳について、マハルシが容易に承認を与えなかった状況について述べているのを読み、殆ど翻訳の意欲を失ったことがある。しかしいまでは、マハルシの作品の主要部分が殆ど紹介されていない日本の現状では、たとえどんなに不完全なものであっても、日本語の形でそれを披露し、一石を投ずることが必要ではないかと感じている。」

サンスクリット語は、１９９８年頃から、インドの言語学者で哲学博士のアニル・ヴィディヤランカール先生に「イントロダクトリー・サンスクリット」を学び、その後、チンマヤ・ミッションでアドヴァンスド・サンスクリットを学んだ。インドのパンディットでも、それなりの努力が必要とされるサンスクリット語の習得は、非常にむずかしく、はたして「コーハン」を読むことは可能かどうか分からなかったが、従来、タミル語のみでしか書かなかったマハルシの美しい自筆によるサンスクリット原文の「コーハム कोऽहम्　？（私とは誰か）」を見た時、私の心は決まった。サンスクリット語の学習は、この一点に向けてのことだった。学び初めて十数年、やっとこの自筆によるサンスクリット語の意味がつかめるようになったが、マハルシが承認を与えてくれるものかどうかは分からない。

２０１３年から２０１４年にかけては、「ニャーナ・プラープティヒ研究会」で、先ず、タミール語からのサンスクリット翻訳版の「ウパデーシャ・サーラ」を、続いて２０１５年からは「サットダルシャナ」を、そして２０１６年になって「コーハム（私とは誰か）」のサンスクリット原典をベースとして、みなさんと読んだ。何と言っても、この３冊の書を読まなければ「マハルシの思想」の根幹は掴めないと思ったからである。

次第に環境が良くなってきて、チンマヤミッションのテジョーマヤナンダによる「ウパデーシャ・サーラ」や「サットダルシャナ」のサンスクリット語版やヒンディー語版が入手出来るようになった。そのため、あらたにヒンディー語を学ぶ必要も生まれ、転居前には地方から毎週水曜日に車で４年間大阪ＮＨＫ文化センターまで通った。恩師の大阪大学名誉教授の溝上富夫先生は、ヒンディー語版「ウパデーシャ・サーラ」のノートを丁寧に見て下さった。

今回、これら３冊を第１部「ニャーナヨーガの真髄」として、『ラマナ・マハルシの思想』にまとめておこうと思ったのは、柳田侃先生の『ラマナ・マハルシの言葉』が出てから２４年が経ち、「ニャーナ・プラープティヒ研究会」もまもなく１０周年を迎えるので、先生が伝えようとされたことが、いっそうみなさんに浸透するよう願うからである。

そして、この３冊をまとめることによって、何よりも、その幸福感を味わっているのは私自身である。

アルナーチャラやラマナ・マハルシは、不変の存在として、いつも私の中にあり、本書を読まれた方にもそれが伝わることを願っている。

なお、題名は『ラマナ・マハルシの思想』となっているが、「思想」は哲学の意味ではなく、彼が「ありのままに見た」**ダルシャナ**の意である。

本書の構成は、3部構成とし、「コーハム कोऽहम्(私とは誰か)」、「サットダルシャナ सद्दर्शन (真実の教え)」、「ウパデーシャサーラ उपदेशसार (教えの精髄)」の３冊を読めば、マハルシの伝えようとした教えは自然に伝わってくるので、従来の通りインドや欧米で見られる記述のスタイルに従って、これらの書の中から選んだ原文の訳を先ず挙げ、次いで、原文と註を記載した後、解説を施すことにした。

次に、柳田侃先生の『ラマナ・マハルシの言葉』では省略された「ソング・セレスティアル The Song Cerestial」、いわゆる「バガヴァッド・ギーター」７００詩句からラマナ・マハルシが選んだ４２詩句の英訳は、その原本 The Collected Works of Ramana Maharsi : Edited by Arthur Osborne を見て驚くよりも呆れたが、省略されて当然だったような気がする。ギーターのサンスクリット原文はなく、訳者は不明、章、詩句番号もないまま、４２詩句が無造作に並べられているだけである。このラマナ・マハルシが選んだ４２詩句は、他に、 Gita Sar (Bhagwan Ramana Maharshi's 42 select and reset verses)として D.A.Desai 等の書があり、選んだ詩句は確認出来るので、「バガヴァッド・ギーター」のサンスクリット原典からその詩句を翻訳し、**何故、それらが選ばれたのか**という視点から私なりの解説を試みた。これを第２部とする。

続いて、第３部では、１９９９年〜２００１年にかけてのことなので、もう、かなり昔のことになるが、「アルナーチャラの想い出」を、当時、筆者の撮った写真と共に紀行文として載せておきたいと思う。なお、ラマナ・スクール関係の写真は、代表者の方の許可を得て、当時、私のホームページ KAYO-NET とミニコミ誌「ひろがり」に、「南インドへの旅」として連載使用したものである。

２０２０年は、新型コロナウイルス（CONVID-19）という未曾有の危機に直面して、世界各国を結ぶ航空機も殆ど止まった状態にあり、いつ回復するかは分からない。インドもヴィザ発行を停止しており、いつになったらインドを訪れることが出来るか予想が困難で、今から考えると夢のような出来事になってしまった。しかし、その機会が再び訪れて、南インドに限らずインドを訪れる人は、OSHO Srī Rajneesh の次の言葉を忘れないでほしい。

> **少しでも瞑想的な心を持ってこの国を訪れる人は、そのヴァイブレーションに触れることができる。ただの旅行者として来れば、それを逃すことになる。崩れ落ちた建物、宮殿、タージマハール、寺院、カジュラホ、ヒマラヤ、こういったものを見ることはできても、インドを見ることはできない。（同書３頁）**

（翻訳 スワミ・プレム・グンジャ『私の愛するインド』）

> If you come here with a little bit of a meditative mind, you will come in contact with it. If you come here just as a tourist, you will miss it. You will see the ruins, the palaces, the Taj Mahal, the temples, khajuraho, the Himalayas, but you not

see India --- you will have passed through India without meeting it. (*"India MY Love "*)

目　次

略記について　(Abbreviation)

以下、文献名などを次のように略記する。

KH　कोऽहम्　「コーハム（私とは誰か）」
SD　सद्दर्शन　「サットダルシャナ（真実の教え）」
US　उपदेशसार　「ウパデーシャサーラ（教えの精髄）」
SK　साम्खकारिका　「サーンキャ・カーリカー」
YS　योगसूत्र　「ヨーガスートラ」
HP　हठप्रदीपिका　「ハタ（ヨーガ）プラディーピカー」

また、いずれも、各詩句末には、各書の略記と詩句番号を記す。例えば、第１部（SD 3）は、「サットダルシャナ（真実の教え）」の詩句３、Ｑ４は問い４、Ａ４は解答４、第２部（2−1）は、「バガヴァッド・ギーター」第２章の詩句１である。

第１部

ニャーナ・ヨーガの真髄

The Essence of Jñāna - Yoga

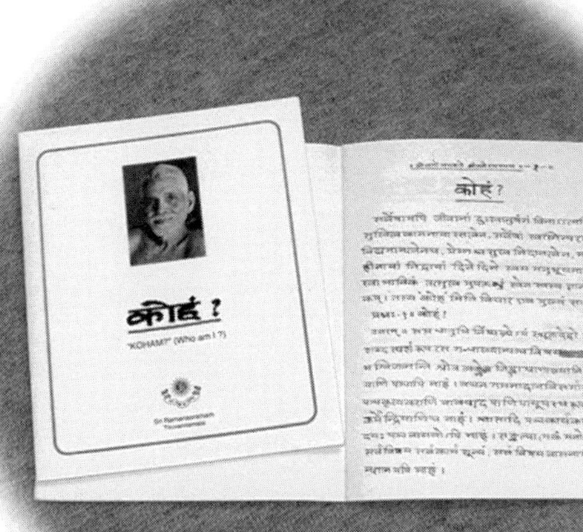
कोऽहं ?
"KOHAM?" (Who am I ?)
कोऽहं ?

序

柳田侃先生の著『ラマナ・マハルシの言葉』に書かれているように、マハルシ自身の言葉は、殆どがタミル語で書かれている。その唯一の例外がサンスクリット語で書かれた自筆の「コーハム कोऽहम् (私とは誰か)」であった。やがて、「サットダルシャナ सद्दर्शन（真実の教え）」、「ウパデーシャサーラ उपदेशसार（教えの精髄）」などはサンスクリット語への翻訳版や、ヒンディー語訳が出て、より原語に近い形で読めるようになった。この３冊を読めば、マハルシの伝えようとした教えは自然に伝わってくるので、拙著の既刊書５冊と同様、インドや欧米で見られる記述のスタイルに従って、記述する。

参照した参考文献は、５５頁に記載しているが、中心になっているのは、自筆の「コーハム कोऽहम् (私とは誰か)」である。原著は、全１５頁からなり、右側がマハルシ自筆のデーヴァナーガリ文字、左側にはローマナイズ文字が後から付加されている。

1．ラマナ・マハルシの視点

すべての生きものは、苦しみや不幸がなく、幸福な状態が永遠に続くことを望んでいる。すべての人々の中には、すでに至福の状態を源とする「至高の愛」が存在していて、それを毎晩、熟眠時に体験しているのだから、心がまったく活動していない、その状態が人の本性なのだ、と直接知る必要がある。そのためには「私とは誰か」という探求が最も本質的な方法である。（KH）

कोऽहम्？

सर्वेषामपि जीवानामं दुःखानुषंगं विनाऽऽत्यन्तिक सुखित्वकामनायास्सत्वेन, सर्वेषां स्वस्मिन्परमप्रेम्णो विद्यमानत्वेनच, प्रेम्णश्च सुखनिदानत्वेन, मनोविहीनायां निद्रायां दिने दिने स्वयमनुभूयमानं स्व स्वाभाविकं तत्सुखमुपलब्धुं स्वेन स्वस्य ज्ञानमावश्यकम् । तस्य 'कोऽह' मिति विचार एव मुख्यं साधनम् ।

（註）सर्वेषाम् अपि　すべての、जीवानाम्　生きものの、दुःख　苦しみ、不幸、आनुषङ्गम्、取り憑くこと　विना　～のない、　आत्यन्तिक　永遠に、सुखित्व　幸福な状態、कामनायाः　願いの、सत्वेन　状態と共に、स्वस्मिन् 自分自身の中に、परमप्रेम्णः　至高の愛、विद्यमानत्वेन　（既に）存在している、प्रेम्णः　慈愛、सुखनिदानत्वेन　幸福が根源（サット、チット、アーナンダ）、मनः　心、विहीनायाम्　全くない、निद्रायाम्　熟眠、दिने दिने　日々、स्वयम्　自己自身、अनुभूयमानम्　体験している、स्व　自らの、स्वाभाविकम्　本性、उपलब्धुम्　直接知る、स्वेन　自己によって、स्वस्य　自己の、ज्ञानम्　知る、आवश्यकम्　必要、कोऽहम् इति「私とは誰か」と、विचार　探求、मुख्यम्　最も重要な、साधनम्　方法、手段、

解説：マハルシは、多くのインドのダルシャナと違って、幸福、

または、至福の状態が個々の人に宿っている、という視点から始める。サーンキャ・ダルシャナ（ＳＫ１）やブッダのように、ドゥフッカ（悲しみ・苦悩・苦痛）から始めない。もちろん、その原因と解決方法を探るが、視点がずいぶんと異なっている。

３種類の苦しみが、われわれを襲う。それを終わらせる方法は、既にあるのだから、今更知る必要はないと言う。しかし、答えは「否（No)」である。何故なら、既知のものは、苦しみを完全に除去することを永久に保証するものではないからである。（ＳＫ１）

では、マハルシは、幸福をどのように見ているのだろうか。

２．幸福とは何か？

幸福とは、まさに、真の自己のことです。幸福と真の自己に違いはありません。目に見えている世界の事物には、幸福は、まったく存在しません。われわれは、気づきがないために、幸福である状態に達することが出来ません。心が外へと出て行く時は、不幸な体験をします。願い事をすべて満たした時は、いつでも、心はその出所に戻り、真の自己である幸福を体験します。従って、熟眠（深い眠り）の時、サマーディや失神した時、また、願いが叶ったり、望まないものが取り除かれたりすると、その瞬間、心は必ず内側に向かい、真の自己である幸福を体験します。このように、心は休むことなく動き回り、真の自己から出たり入ったりします。木陰は、快適なものですが、そこから出ると、太陽の熱で焼けつくように暑く不快な感じがします。炎天下にいた人が、木陰にやってきて休息すると、涼しさを感じます。そこにしばらく留まっていて外へ出ると、太陽の熱でくたびれ果ててしまいますが、もう一度、木陰に戻ってくると幸せな感じがします。しかし、木陰から、出たり入ったりしている人がいます。このようなことを繰り返している人は、判断力が欠如していると言われます。木陰から決して出て行かない人が賢者で、彼は、真の自己から片時も離れることはありません。（一方）気づきのない人の心の中は、妄想による葛藤（衝突）で苦しみを味わい、ほんの一瞬だけ真の自己がもたらす幸福を感じるに過ぎません。実際、心（から生じる想念）とは、世界に他なりません。世界が姿を消し、想念が破壊された時、心は本性である幸せを体験するのです。（想念が生じ）世界が現れた時、心は不幸を体験します。（KH　２４）

आत्मस्वरूपमेव सुखं भवति । सुखस्यात्मस्वरूपस्य च भेदो नास्ति । प्रपञ्चवस्तुषु कस्मिंश्चिदपि नास्ति सुखलेशोपि । तेभ्यस्सुखं भवतीति वयमविवेकादवगच्छामः । मन आत्मनो बहिरागमनकाले दुःखमनुभवति । अस्मन्मनोरथ परिपूर्ति समयेषु सर्वेष्वप्यस्माकं मनस्स्व यथास्थानं प्राप्यैवात्म सुखमेवानुभवति । एवमेव सुषुप्ति - समाधि - मूर्छासु , इष्टप्राप्ति समये , अनिष्ट - वस्तु - वियोग क्षणेच मन अन्तर्भुखं सदात्म सुखमेवानु भवति । एवं मनः आत्मनोबहिरात्मनि च गमनागमनेकुर्वदविश्रान्तं भ्रमति । तरोरधस्ताच्छा या सुखकरी भवति । तरोर्बहिः प्रदेशे भानोरूष्मा दुःखकरो भवति । बहिस्सञ्चारी पथिकः कश्चिच्छायामाश्रित्य शीतली भवति । एवं क्षणंस्थित्वा पुनरपि बहिर्गत्वा सूर्योष्मणा परिश्रान्तः पुनरपि तरुच्छायां प्राप्य सुखमनुभवति । एवं छायातः बहिर्गच्छन् , बाह्याच्छाया मागच्छान् पथिको वर्तते । अयमेवं कुर्वाण एवाविवेकीति गीयते । विवेकीतु छायां परित्यज्य बहिरेव न गच्छेत् । एवमेव ज्ञानिनो मनोपि ब्रह्म कदाचिदपि न परित्यजति । अज्ञानिनां मनस्तु बाह्य प्रपञ्चे भ्रामं, भ्रामं दुःखमनुभूय , क्षणकालं ब्रह्म प्राप्य सुखं चानुभवति । मन एव

जगत् । जगति तिरोहिते विस्मृतिं प्रापिते मनस्स्वानन्दमनुभवति । अतिरोहिते (भाति) जगति मनोदुःखमनु भवति ।

（註）लेशः　ごく僅か、अविवेकात्　識別力がない、अवगच्छामः　（われわれは）達成する、बहिरागमन काले　外へ出て行くとき、अनुभवति　体験する、अस्मन्मनोरथ परिपूर्ति समयेषु　われわれの心が願い事をすべて満たした時、सुषुप्ति समाधि मूर्छासु , इष्टप्राप्ति समये　熟眠、サマーディ、失神、そして、願い事が叶った時、अनिष्ट - वस्तु - वियोग क्षणे च　望まぬものが取り除かれた時も、अविश्रान्तं भ्रमति　休むことなく動く、तरोः अधस्तात् छाया　木陰、भानोरूष्मा　太陽の熱、पथिकः　人、अश्रित्य　休息すると、परिश्रान्तः　くたびれ果てる、अविवेक　判断力のない、परित्यज्य　出て行く、अज्ञानिनाम्　気づきのない、बाह्य प्रपञ्चे भ्रामम्　目に見えるこの世の妄想による葛藤、क्षणकालम्　ほんの一瞬、जगति तिरोहिते विस्मृतिं प्रापिते　世界が姿を消し、想念が破壊されたとき、अतिरोहिते (भाति) जगति　想念が生じ世界が現れた時、

解説：マハルシは、心が外へ出て行くと、不幸な体験をするが、深い眠りの時やヨーガでサマーディに達した時、願いごとが叶ったり、望まないものが取り除かれたりすると、その瞬間、心は必ず内側に向かい、幸福を体験する、と言っているように、もともと至福の状態を、悲しみ・苦悩・苦痛に変えてしまうのは、心（想念）が問題であり、心が作り出すこの世界なのである。

では、その世界とは何か、を見てみよう。

３．この世界

この世と私に関するすべての源は、主の計り知れぬ力のなせる業であると言える。この世界として描かれた絵は、すべてが彼が、つまり、一つの真理が、カンヴァス、光、見るもの、見られるものとして描いたものである。（SD　3）

सर्वैर्निदानं जगतोऽहमश्च（ｻﾙｳﾞｧｲﾙﾆﾀﾞｰﾅﾝ ｼﾞｬｶﾞﾄｰﾊﾏｽﾁｬ）
वाच्यः प्रभुः कश्चिदपारशक्तिः ।（ｳﾞｧｰﾁｬﾊ ﾌﾟﾗﾌﾞﾌ ｶｼｭﾁﾀﾞﾊﾟｰﾗｼｬｸﾃｨﾋ）
चित्रेऽत्र लोक्यं च विलोकिता च（ﾁｯﾄﾚｰﾄﾗ ﾛｰｷｬﾝ ﾁｬ ｳﾞｨﾛｰｷﾀｰ ﾁｬ）
पटः प्रकाशोऽप्यभवत्स एकः ॥३॥（ﾊﾟﾀﾊ ﾌﾟﾗｶｰｼｮｰﾋﾟｬﾊﾞｳﾞｧﾂｻ ｴｰｶﾊ）

（註）सर्वैः　すべて、जगतः　この世の、अहमः च そして私の、　निदानम् 原因、源（みなもと）कश्चित्　ある、　प्रभुः 主（Load)、अपार शक्तिः 計り知れぬ力、वाच्यः～と言える、चित्रे　絵、लोक्य विलोकिता च　見るものと見られるもの、पटः カンヴァス、प्रकाशः 光、अपि　～も、सः एकः たった一つの（真理)、अभवत्　～となった、

解説：従って、この世界は、サンスクリット語でアハミ（अहमि）または、アハミカー（अहमिका）と言って、偽りの自己（false ego）に基づいたものなので、ここに描かれた絵は「あなたの想念で、その様に見えている世界」に過ぎないのである。

そこで、マハルシは、「サットダルシャナ（सद्दर्शन）」で、そのことに**気づく**重要性を次のように述べている。

４．気づき

もし、気づきがなければ、どうして理解が得られよう。つまり、理解は気づきなしには得られない。気づきの源、理解の源、この２つが接近し、探求すれば、そこに真理はある。（SD １２）

विद्या कथं भाति न चेदविद्या　(ｳﾞｨﾄﾞﾔｰ ｶﾀﾑ ﾊﾞｰﾃｨ ﾅ ﾁｪｰﾀﾞｳﾞｨﾄﾞﾔｰ
विद्यां विना किं प्रविभात्यविद्या । ｳﾞｨﾄﾞﾔｰﾑ ｳﾞｨﾅｰ ｷﾑ ﾌﾟﾗｳﾞｨﾊﾞｰﾂﾔｳﾞｨﾄﾞﾔｰ)
द्वयं च कस्येति विचार्य मूल -　(ﾄﾞｳﾞｧﾔﾑ ﾁｬ ｶｽｲｪｰﾃｨ ｳﾞｨﾁｬｰﾙﾔ ﾑｰﾗｽﾜﾙｰ
स्वरूपनिष्ठा परमार्थविद्या ॥१२॥ ﾊﾟﾆｼｭﾀｰ　ﾊﾟﾗﾏｰﾙﾀｳﾞｨﾄﾞﾔｰ)

(註) अविद्या न चेत्　もし、気づきがなければ、विद्या कथम्　どうして理解が得られよう、भाति　輝き出る、विद्यां विना　理解のない、अविद्या 気づきのない、प्रविभाति किम् 輝き出るだろうか、द्वयम्　二つ、कस्य　だれの、इति したがって、 विचार्य ～探求して、मूल - स्वरूप - निष्ठा 根源、本性がある、परमार्थ - विद्या　真理への気づき、

続いて、

自らを理解できない人が、真実に目覚めることは、あるだろうか。自己への気づきのある人には、理解すべきことの土台も、対象として理解すべきことも、両方とも消える。（SD １３）

बोद्धारमात्मानमजानतो यो बोधः　(ﾎﾞｰｯﾀﾞｰﾗﾏｰﾄﾏｰﾅﾏｼﾞｬｰﾅﾄｰ ﾖｰ ﾎﾞｰﾀﾞﾊ
स किं स्यात्परमार्थबोधः ।　ｻ ｷﾑ ｽﾔｰﾄﾊﾟﾗﾏｰﾙﾀﾎﾞｰﾀﾞﾊ)
बोधस्य बोध्यस्य च संश्रयं स्वं　(ﾎﾞｰﾀﾞｽﾔ ﾎﾞｰﾄﾞｩﾔｽﾔ ﾁｬ ｻﾝｼｭﾗﾔﾑ ｽｳﾞｧﾑ
विजानतस्तद् द्वितयं विनश्येत् ॥१३॥ ｳﾞｨｼﾞｬｰﾅﾀｽﾀﾄﾞ ﾄﾞｳﾞｨﾀﾔﾑ ｳﾞｨ

ナシェート ）

（註）बोद्धारम्　理解しようとする人、आत्मानम्　自己（自ら）、अजानतः　理解できない、यः बोधः 理解する対象、परमार्थ - बोधः　真理、स किम् स्यात्　その人は～のはずがあろうか、बोधस्य　理解の、बोध्यस्य　理解すべき対象の、संश्रयम्　支え（土台）、स्वम् विजानतः　自らを理解する人に、द्वितयम्　二つ、विनश्येत्　解消する、

解説：スワミ・サッチャナンダは、**気づき**（awareness）を「われわれの内部で起こっていることを知ること」（To know what is happening within us.）であり、それは「自分の背後に立って内部で起こっている心や身体の動きを観察する能力（The ability to stand back and observe one's mental and physical activities.）」であって、「内部で起こっている何かを観察することだ」（You are standing back and watching something that is occurring within you.）（註）と言っている。

（註）A systematic course in the ancient Tantric Techniques of Yoga and Kriya. P.71, p.73

では、このダルシャナ（दर्शन）と言われるもの、また、観察者とは、どういう意味であろうか？インドでは、哲学という言葉は使われなくて、あくまで心が静止した想念のない状態、瞑想の状態で徹底的に観察する、これがダルシャナである。「サットダルシャナ」の次の句に進むと、

５．ダルシャナ

観察者なしに、至高者を見ることは、心で見ていることに他ならない。至高者とは、観察者に他ならず、自己の根源に存在する。

（SD　２２）

यदीशितुर्वीक्षणमीक्षितारम्　（ﾔﾃﾞｨｰｼﾄｩﾙｳﾞｨｰｸｼｬﾅﾐｰｸｼﾀｰﾗﾑ
अवीक्ष्य तन्मानसिकेक्षणं स्यात् ।　ｱｳﾞｨｰｸｼｬ ﾀﾝﾏｰﾅｼｹｰｸｼｬﾅﾑ ｽﾔｰﾄ）
न द्रष्टुरन्यः परमो हि तस्य　（ﾅ ﾄﾞﾗｼｭﾄｳﾗﾝﾆｬﾊ ﾊﾟﾗﾓｰ ﾋ ﾀｽﾔ
वीक्षा स्वमूले प्रविलीय निष्ठा ।।२२।।　ｳﾞｨｰｸｼｬｰ ｽｳﾞｧﾑｰﾚ ﾌﾟﾗｳﾞｨﾘｰﾔ ﾆｼｭﾀｰ）

（註）ईक्षितारम्　अवीक्ष्य　観察者をよく見ていない、ईशितुः वीक्षणम्　至高者の視点、यत्　そこにある、तत्　その視点、मानसिक ईक्षणम्　心で見ること、द्रष्टुः अन्यः　観察者に他ならない、न हि　実はそこにない、परमः　至高者、वीक्षा　視点、स्वमूले 自らの根源、प्रविलीय　吸収された、निष्ठा　存在、

解説：目が目を見ることは出来ない。耳が耳を聴くことは出来ない。鼻が鼻を嗅ぐことは出来ない。至高者は観察者であって、根源に他ならない。従って「観察者なしに」とは、「至高者なしに、根源としての存在なしに」という意味である。

６．想　念

すべての思考は、人、世界、神という名付けから始まる。私という

想念のある限り、この三つは残る。私という想念のない状態にとどまることこそ、最上である。（SD　4）

आरभ्यते जीवजगत्परात्म　（ｱｰﾗﾋﾞｬﾃｰ ｼﾞｰｳﾞｧｼﾞｬｶﾞﾂﾊﾟﾗｰﾄﾏ
-तत्त्वाभिधानेन मतं समस्तम् ।　ﾀｯﾄｳﾞｧｰﾋﾞﾀﾞｰﾈｰﾅ ﾏﾀﾑ ｻﾏｽﾀﾑ）
इदं त्रयं यावदहंमति स्यात्　（ｲﾀﾞﾑ ﾄﾗﾔﾑ ﾔｰｳﾞｧﾀﾞﾊﾝﾏﾃｨﾋ ｽﾔｰﾄ
सर्वोत्तमाऽहंमतिशून्यनिष्ठा ।।४।।　ｻﾙｳﾞｫｯﾀﾏｰﾊﾝﾏﾃｨｼｭｰﾝﾔﾆｼｭﾀｰ）

（註）समस्तम्　すべての、मतम्　考え、जीव 生きもの、 जगत् 世界、परात्म　（想念上の）神、आरभ्यते　始まる、तत्तव　存在（real state）、अभिधानेन ～という名で、 यावत् ～かぎり、अहम् मति 私という想念、त्रयम् 3つ、अहम् मति शून्य निष्ठा 私という想念のない状態、उत्तमा 最上、

解説：目が覚めて「私」（一人称）が顕れると、生命エネルギーのプラーナと強烈なパワーを持った心が働きだし想念が生まれる。思考やイメージは、必ず名前と形を持ったものをつくる。人、世界、神である。私という想念のある限り、この三つは残る。このことを、マハルシは「コーハム（私とは誰か）」で下記のように「真珠母貝の銀色の輝きのように、見かけ上現れるもの」と表現した。従って、「神」という言葉が使われる時、**あなたが考えているような神は存在しない**。しかし、**真理**や**本来の姿**を神と呼んでも、**ブラフマン**と呼んでも**シヴァ**と呼んでも構わない。しかし、映画「PK」の中で描かれた「信じよ」というような**人の創った神**は存在しない。人が創った神は、「神の名において」などと利用される。

本来の姿とは、たった一つの存在、それが真の意味です。世界、人生、神々などは、真珠母貝の銀色の輝きのように、見かけ上現れるものです。これら三つは、同時に現れ、同時に消えてしまいます。私という想念が、微塵もない所が、スワルーパ（本来の姿）と言われます。それは、沈黙とも言われます。本来の姿は、世界であるとも言えますし、私であるとも、また、神であるとも言えます。まさに、すべてがシヴァであり、スワルーパ（本来の姿）に他なりません。（KH　１６）

आत्मस्वरूप एक एव यथार्थ भूतः । जगज्जीवेश्वराश्शुक्तविव रजतं तत्रकल्पिताः । जगज्जीवेश्वर त्रयमेतदेकस्मिन्नेवकाल उद्भूय , एकस्मिन्नेव समये तिरोभवति । अहमिति धीः किञ्चिदपि यत्र नास्ति , तदेव स्थानं स्वरूपमुच्यते । तदेव " मौन मितिचाभिधीयते । स्वरूपमेवजगत् । स्वरूपमेवाहम् । स्वरूपमेवेश्वरः । सर्वं खल्विदं शिवस्वरूपमेव ।

（註）यथार्थ भूतः 真の意味、जगत् - जीव - ईश्वराः　世界、人生、神々、शुक्तव रजतम् इव　真珠母貝の銀色の輝きように、कल्पिताः　単に見かけ上のもの、एकस्मिन् एव काल　同時に、उद्भूय　現れる、एकस्मिन् एव समये　同時に、तिरः भवति　消える、धीः　想念、मौनम्　沈黙、अभिधीयते　言われる、सर्वं खलु　まさにすべてが、शिव　シヴァ、

解説：心（想念）の誕生は、人、世界、神といった言葉を生み出し、沈黙、即ち、想念が消えると心も消え、人、世界、神といった言葉も消える。

真の自己を、この身体のように姿・形のあるものと思うなら、この世界も主（Load）も姿・形あるものである。一方、真の自己に、

姿・形などないと思うなら、それを見ることのできる者など誰一人いない。この観点こそ、まさに、一つの限りのない完全なものである。（SD　6）

सरूपबुद्धिर्जगतीश्वरे च　（ｻﾙｰﾊﾟﾌﾞｯﾃﾞｨﾙｼﾞｬｶﾞﾃｨｰｼｭｳﾞｧﾚｰ ﾁｬ
सरूपधीरात्मनि यावदस्ति ।　ｻﾙｰﾊﾟﾃﾞｨｰﾗｰﾄﾏﾆ ﾔｰｳﾞｧﾀﾞｽﾃｨ）
अरूप आत्मा यदि कः प्रपश्येत् ।　（ｱﾙｰﾊﾟ ｱｰﾄﾏｰ ﾔﾃﾞｨ ｶﾊ ﾌﾟﾗﾊﾟｼｪｰﾄ ）
सा दृष्टिरेकाऽनवधिर्हि पूर्णा ॥६॥　（ｻｰ ﾄﾞﾘｼｭﾃｨﾚｰｶｰﾅｳﾞｧﾃﾞｨﾙﾋ ﾌﾟｰﾙﾅｰ）

（註）यावत्　～する限り、आत्मानि　自己の中に、सरूप धीः　形あるものという考え、अस्ति　（そこに）ある、जगति ईश्वरे च　世界も主（Load）もその中に、सरूप बुद्धिः 形がある、यदि आत्मा अरूपः　もし、姿・形のない、कः 誰が、प्रपश्येत् 見るだろうか、सा दृष्टिः　その視点、एका　たった一つ、अनवधिः　限りのない、पूर्णा 完全な、हि　まさに、

解説：「私とはこの身体である」と考えるのは不思議なことではない。何故なら、この物質的なコンポーネント（構成要素）からなる身体は、パンチャ・コーシャという名前でも呼ばれ、現実には、肉体を持った生きものだからである。しかし、このコンポーネントは、不死ではなく死の支配下にある幻の存在である。一方、何かの存在の根源は、それ自身であり、そのもの、つまり、ひとつである。例えば、目はそれ自身であって、目が目を見ることは出来ない。同じように、姿・形のないひとつの根源から創られた姿・形あるものは、「見る者」となって初めて「（見る対象の）もの」を見ることが出来るわけで、見る

者（観察者）でない限り、見ることは出来ない。このことからも、想念（心）でもって形なきものを見たり想像したりすることは出来ない。創られたものが、創った根源を見ることは不可能である。

形あるものとして生まれ、形に根ざして生きているものは、つねに変化し、その姿が変わる。このエゴの亡霊（ゴースト）は、それが何なのかを探求する時に消滅する。（SD　２７）

रूपोद्भवो रूपततिप्रतिष्ठो रूपाशनो धूतगृहीतरूपः ।

（ﾙｰﾎﾟｰﾄﾞﾊﾞｳﾞｫｰ ﾙｰﾊﾟﾀﾃｨﾌﾟﾗﾃｨｼｭﾄｰ ﾙｰﾊﾟｰｼｬﾉｰ ﾄﾞｩｰﾀｸﾞﾘﾋｰﾀﾙｰﾊﾟﾊ）

स्वयं विरूपः स्वविचारकाले धावत्यहङ्कारपिशाच एषः ।।२७।।

（ｽﾜﾔﾑ ｳﾞｨﾙｰﾊﾟﾊ ｽﾜｳﾞｨﾁｬｰﾗｶｰﾚ ﾀﾞｰｳﾞｧﾄﾔﾊﾑｶｰﾗﾋﾟｼｬｰﾁｬ ｴｰｼｬﾊ）

（註）एषः अहंकार पिशाचः エゴの亡霊、रूप उद्भवः　形あるものとして生まれる、रूप तति प्रतिष्ठ　形に根ざして、रूप अशनः　形を食べてしまう、धूत गृहीत रूप、形を除く、又は、保持するもの、स्वयं विरूपः　それ自身形のない、स्व विचार काले　それが何なのかを探求する時、धावति　なくなる、

解説：この身体は、姿・形を持っているが、永遠にそのままの状態を保つことは出来ない。しかし、一方で、不変・不滅のものに気づけば、形に根ざして一時的に現れるものが何なのかが分かる。

エゴ（私）が顕れると、すべてが現れる。私が姿を消すと、すべてが消える。従って、すべてはエゴの姿に他ならない。私とは何かを

探求することが、すべての勝利の道となる。（SD　28）

भावेऽहमः सर्वमिदं विभाति लयेऽहमो नैव विभाति किञ्चित् ।

（バーヴェーハマハ サルヴァミダム ヴィバーティ ラエーハモー ナイヴァ ヴィバーティ キンチツト ）

तस्मादहंरूपमिदं समास्तम् तन्मार्गणं सर्वजयाय मार्गः ।।२८।।

（タスマーダハムルーパミダン サマースタム タンマールガナム サルヴァ ジャーヤ マールガハ）

（註）अहमः　エゴの、भावे　その存在に、सर्वम् इदम्　すべてこれ、विभाति　現れる、लये　消える、किञ्चित् न एव　まったくない、तस्मात्　従って、इदं समस्तम् このすべて、अहं रूपम् エゴの形、तत् मार्गणम्　その探求、सर्व जयाय　すべての勝利の、

解説：この世界において、姿・形のあるものをはじめとして、一切は私という想念の誕生と共に現れ、私という想念が消えると姿を隠す。

真の存在、そこにエゴはない。エゴの誕生する場所を探すと、エゴは消滅する。賢者の他に、それは達成できないが、それこそ究極の真の存在、自己自身である。（SD　29）

सत्या स्थितिर्नाहमुदेति यत्र तच्चोदयस्थानगवेषणेन ।

（サツトヤー スティティルナーハムデーティ ヤットラ タッチョーダヤスターナガヴェシャネーナ）

विना न नश्येद्यदि तन्न नश्येत् स्वात्मैक्यरूपा कथमस्तु निष्ठा ।।२९ ।।

（ヴィナー ナ ナシェードゥヤディ タンナ ナシェーツト スワートマイキャルーパー カタマストウ ニシュター ）

（註）यत्र その場所、अहमं न उदेति エゴは生まれない、सत्या स्थितिः （それが）真の存在、तत् च　それも、उदय स्थान गवेषणेन विना 生まれる場所を探さなければ、

न नश्येत् 消えない、स्वात्म ऐक्य रूपा निष्ठा 自己自身である一つの存在、अस्तु ～に他ならない、

解説：私（エゴ）の誕生する場所は、心の所在地と同じである。その場所が分かると私は姿を消す。

7．心（想念）はどこから生まれるのか？

この身体の中から、「私」として顕れるものこそ、まさに、「心」です。私という想念が、この身体のどこから顕れるのかを調べると、ハート（心）から顕れることが分かります。まさに、心の生まれる場所です。「私が、私が」という考えが常に浮かぶのは、結局ここ（心の生ずる場所）が原点です。心の中に生まれてくるすべての想念の中で、「私」という想念が最初のものです。心に生じる最初の想念の後に、はじめて他のあらゆる想念が現れるのです。第一人称の「私」が現れた後にだけ、第二人称と第三人称が現れることが分かるでしょう。第一人称がなければ、第二人称も第三人称も存在することはありません。（KH　9）

देहेऽस्मि ' न्नहमिति ' यदुत्तिष्ठति, तदेव मनः । अहमिति स्मृतिश्च देहेऽस्मिन्क नु विभासत इति विमार्गिते ' हृदयम् ' इति प्रत्यवभासेत। तदेव मनसो जन्मस्थानम् । ' अहम् ' 'अहम् ' इत्यावृत्तिमात्रेकृतेपि तत्रैवा (हृदय एव) न्ततः प्राप्तिस्स्यत्। मनसि जायमानानां सर्वेषामपि सङ्कल्पानाम् अहमिति सङ्कल्प एव प्रथमस्सङ्कल्पः । प्रथमं मनस्सङ्कल्पे जात एवान्ये सङ्कल्पास्समुज्रृंभन्ते। उत्तम पुरुषो (अहमि) द्भवानन्तरं हि प्रथम मध्यमौ विज्ञायेते। उत्तम पुरुषं विना प्रथम मध्यमौ नैव भवतः ।।

(註) विचार्य विज्ञातुं　調べてつきとめるため、वा　まさに（強意の言葉)、मार्गः　どのようにして生じてくるかその道筋を示すこと、अस्मिन् देहे　この身体の中から、अहम् इति　私として、यत् उत्तिष्ठति　顕れてくるところの、स्मृतिः　考えが浮かんでも、क्व　どこから、नु　まさに（強意の言葉)、विभासत　顕れるか、विमार्गिते　探すと、प्रत्यवभासेत　顕れる、जन्मस्थानम्　生まれる場所、आवृत्तिमात्रे कृतेपि　浮かんでも、अन्ततः　結局、प्राप्तिः सयात्　辿り着く、原点、सङ्कल्प　想念、समुज्जृंभन्ते　現れる、उत्तम पुरुषः　第１人称、अहम् इति भावानन्तरम् हि　顕れた後にだけ、प्रथममध्यमौ　第３人称と第２人称、विज्ञायेते　分かる、विना　なければ、

解説：ハートは、スワルーパ（स्वरूपम्）「真の自己」とともに、心の宿る場所としても使われ、ここが想念の最初に顕れる場所である。今までも用いてきた次の図をみてほしい。

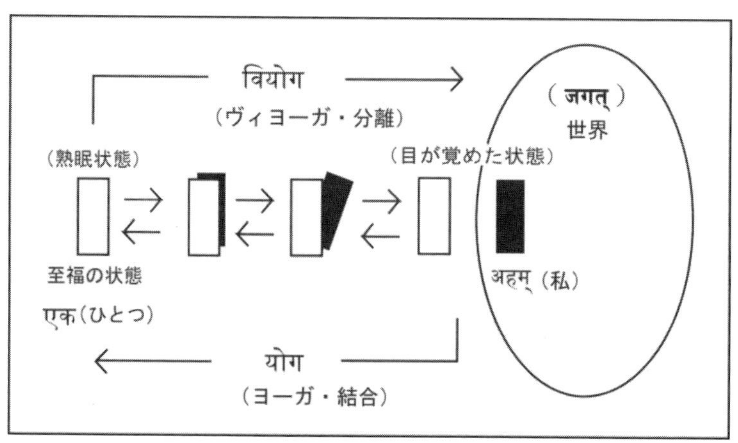

朝、目が覚めてベッドから起き上がり最初に始める行動は、歯を磨き、顔を洗うことであろう。この時、背後に隠れているのは誰であろうか。それは、必ず「私の」歯であり、「私の」

顔の筈である。そして、しばらくすると「私の」家族が食卓の周りに座る。このことからも、意識できるかどうかは別にして、白い長方形で示されている、一つの「真の自己」が、知らない間にもう一つ別の黒い長方形が顕れ二つになっていることである。この黒の長方形こそ「私」であり、「私の」歯や顔や家族という心から湧き起こった想念である。しかし、この心と想念は就寝して熟眠すれば姿が消える。

このように、心＝想念から、第一人称の「私」が顕れてはじめて、目の前の第二人称（あなた、あなた方）や第三人称（あの人、あの人たち）も存在することが出来る。これが心、私の正体である。

８．心の正体

この心と呼ばれるものは、アートマ（本来の自己）の中に住みついている、ある驚くべき力（パワー）です。記憶されたすべてのことがらや、想念が生み出されます。あらゆる想念を追い払い、取り除いて観察すれば、本来の自己とは別に、心といったようなものは存在しません。従って、想念こそが、心の正体です。想念がなくなれば、他に、世界と言ったようなものは存在しません。熟眠の状態では、想念はなく、従って、世界もありません。目が覚めている状態や、夢を見ている状態の時、想念があり、従って、世界もあります。それは、ちょうどクモが自分の身体の中から糸を吐き出しては、再び（巣を畳んで）自分の中に吸収してしまうように、心もまた、自分の中から世界を創り出し、再び吸収します。心が、アートマ（本来の自己）から外へ出ると、世界が顕れます。従って、世界が現れているときは、アートマは、隠れています。（逆に）アートマが輝いている時には、世界は顕れません。心の本性を、一歩一歩、探究する時、その本性が映し出されます。それこそが、アートマ（真の自己）です。心は常に、何か物質的なものに依存しがちです。そういったものに依存せずにはいられないのです。心はひとりで居られないのです。心は微細な身体で、常に動き回るもの、または想念（ジーヴァ）と言われます。（KH　8）

आत्मस्वरूप निष्ठा काचनातिशयितशक्तिरेव मन इत्येतन्नाम । तदेव सकलस्मरणान्यपि जनयति । सर्वाण्यपि स्मरणानि निषिध्य निरोधे कृते न पृथङ्मनसस्स्वरूपं किञ्चिदुपलभ्यते। ततश्च स्मरणमेव मनसस्स्वरूपमम् । स्मरणानि विहाय नान्यत्किंचिज्ञगत्तत्त्वमस्ति। निद्रायां स्मरणं नास्ति, जगदपि नास्ति । जाग्रत्स्वप्नयोस्स्मरणानि सन्ति, जगदप्यास्ते। यथोर्णनाभिस्स्वस्मात्तन्तून्बहिरुद्भाव्य स्वस्मिन्नेव पुनरपि समाकर्षयति, तथा मनोपि स्वस्माज्ञगदुद्भाव्य स्वस्मिन्नेव पुनरपि विलापयति। मनस्स्वात्मनो यदा बहिर्मुखं भवति, तदा जगद्भायात्। ततो भाति च जगति न स्वरूपं भूयात्। स्वरूपे भाति सति न जगद्भूयात् । मनसस्स्वरूपे क्रमेण विचार्यमाणे, मनः स्वं भवति । स्वमात्मस्वरूपमेव। मनश्च स्थूलं किञ्चित्सततमवलंब्यैंव तिष्ठेत् । नानवलंब्य पृथक्तिष्ठेत् । मन एव सूक्ष्म शरीरमिति, जीव इति च व्यवह्रियते ।

（註）मनसः स्वरूपम्　心の本性、तर्हि　では、निष्ठा　～に住みつく काचन अतिशयित शक्तिः एव　ある驚くべき力、एतत् मन इति नाम　この心と呼ばれるもの、सकलस्मरणि　記憶されたすべてのことがら、जनयति　生み出される、स्मरणानि निषिध्य निरोधे कृते　想念を追い払い取り除いて観察すれば、पृथक् स्वरूपम्　本来の自己とは別に、उपलभ्यते 分かる、स्मरणम् एव　想念こそ、विहाय　なくなれば、अन्यत् किञ्चित् जगत् तत्त्वम्　他に世界といったようなも

の、निद्रायां　熟眠の状態では、जाग्रत् स्वप्नयोः　目が覚めている時と夢を見ている時、ऊर्णनाभिः　クモによって、तन्तून्　糸、उद्भाव्य　吐く、समाकर्षयति　引っ込める、विलापयति　吸収する、बहिर्मुख　外へ、भायात्　映し出される、क्रमेण　一歩一歩、स्थूलम्　物質的なもの、सततम्　常に、अवलंब्य　依存する、तिष्ठेत्　留まる、सूक्ष्म शरीरम्　微細な身体、जीव　動き回るもの、想念、व्यवह्रियते　言われる、そう呼ぶ、

心とプラーナには、それぞれ思考力と活性エネルギーとが付与されている。これらは、１つの樹（根源）より分かれた２つの幹である。

（US 12）

चित्तवायवश्चित्क्रियायुताः ।　(チッタヴァーヤヴ゛ァシュチツクリヤーユターハ)
शाखयोर्द्वयी शक्तिमूलका ॥१२॥　(シャーカヨールド゛ゥヴ゛ァイー　シャクティムーラカー)

（註）चित्त-वायवः　心とプラーナ、चित्-क्रिया-युताः　思考力と活性エネルギーとが付与されている、शाखयोः द्वयी　２つの枝、शक्तिमूलका　エネルギーの根源、

解説：従って、われわれにとっての生命現象は、心（思考力）とプラーナという２つの活性エネルギーによって維持されているわけで、必ずしも排除せよ、というわけではない。ただ、この２つは、アートマ（本来の自己）の中に住んでいて出たり入ったりすることを理解しておかなければならない。マハルシは、クモを例に挙げ、巣を張り、再び自己の中へと取り込むクモの糸に譬えた。

９．「私」でないもの

７つの構成要素（体液、血液、筋肉、骨髄、脂肪、骨、精液）から生ずるこの身体は、私ではありません。耳、皮膚、目、舌、鼻と呼ばれる５つの知覚器官と、その知覚対象である５つの名称、音、触覚、形あるもの、味、臭いも私ではありません。話すこと（スピーチ)、移動・運動すること、捉まえること、排泄作用、生殖作用と呼ばれる５つの行動器官、即ち、言語発生器官、手足等の運動器官、排泄器官、生殖器官も私ではありません。呼吸などの機能、プラーナをはじめとする５つのヴァーユ（ウダーナ、サマーナ、アパーナ、ヴィヤーナ）も私ではありません。すべての対象には、何かを起こす原因はなく、また、すべての対象は、単に無意識の記憶に残っているだけで、知っていても、知っていなくても、それは私ではありません。（ＫＨ　１）

सप्तधातुभिर्निष्पन्नोऽयं स्थूलदेहो नाहम् । शब्दस्पर्श रूप रस गन्धाख्यान्पञ्चविषयान्पृथक्पृथग्विजानन्ति श्रोत्र त्वङ्ग्नेत्र जिह्वा घ्राणाख्यानि ज्ञनेन्द्रियाणि पञ्चापि नाहम् । वचन गमनादानविसर्गानन्दाख्य पञ्चकृत्यकरणानि वाक्पादपाणि पायूपस्थरूपाणि पञ्च कर्मेन्द्रियाणि च नाहम् । श्वासादि पञ्चकार्यकरणानि प्राणादयः पञ्च वायवोऽपि नाहम् । सङ्कल्पात्मकं मनोऽपि नाहम् । सर्वविषय सर्वकार्य शून्यम्, सर्व विषयवासनामात्र वासितमज्ञानमपि नाहम् ।

（註）सप्तधातुभिः　７つの構成要素によって、निषपन्नः　生ずる、　अयम् स्थूल - देहः　この物質的な身体は、न अहम्　私ではない、शब्द ‘ स्पर्श - रूप - रस - गन्ध 耳、皮膚、目、舌、鼻、आख्यान्　～という名の、पञ्च - विषयात्　５つの知覚対象、पृथक् पृथक् विजानन्ति 識別する、श्रोत्र - त्वच् - नेत्र - जिह्वा - घ्राण 音、触覚、形あるもの、味、

臭い、ज्ञनेन्द्रियाणि　知覚器官、वचन - गमन - आदान - विसर्ग - आनन्द　話すこと（スピーチ）、移動・運動すること、捉まえること、排泄作用、生殖作用、पञ्चकृत्यकरणानि　５つの活動作用、वाक् - पाद - पाणि - पायु - उपस्थ　言語発生器官、手足等の運動器官、排泄器官、生殖器官、पञ्च - विषयात्　５つの知覚対象、पञ्च कर्मेन्द्रियाणि　５つの活動器官、श्वास　呼吸、प्राण आदयः　プラーナをはじめとして、पञ्च वायवः अपि　５つのヴァーユ（プラーナ、ウダーナ、サマーナ、アパーナ、ヴィヤーナ）も、सङ्कल्प आत्मकम् मनः अपि　想念からなる心も、सर्वविषय　すべての対象、सर्वकार्य　すべての何かを起こす原因、शून्यम्　～がない、वासनामात्र　単に無意識の記憶に残っている、वासितम् अज्ञानम् अपि　知っていても、知っていなくても、

解説：ここでは、５回、ナ・アハム（न अहम्）「私ではない」と否定の言葉が出てくる。中学生のころ、コナン・ドイルのシャーロック・ホームズ・シリーズを文庫本でよく読んだが、ホームズは、事件を解決する時、可能性のないものを一つずつ「これではない。」「これではない。」と除いていく。すると、最後に残ったものが、その可能性があるものとなる。イーシャ・ウパニシャッドには、有名な次の詩句が冒頭にある。

あれも全体、これも全体。全体は、全体から生ずる。
全体から全体を取り除いても、なお、全体が残る。

これらは、朝目が覚めると身体、つまり、あなたが「私」として同一視しているもので、夜になると意識できなくなり、一時的に顕れたり消えたりする。また、不老不死で永遠に存

続するものでもない。その様なものは、「真の自己」とは言えないのである。

１０．「本来の自己（存在）」と「この身体」

存在は、生まれるものではないから、身体には分からない。この（２つの）間に、あるもの---エゴ、あらゆるものを結びつけているもの、微細な身体、心、人生などの名前で呼ばれるもの---が現れる。

（SD　２６）

देहो न जानाति सतो न जन्म देहप्रमाणोऽन्य उदेति मध्ये ।

(ﾃﾞｰﾎｰ ﾅ ｼﾞｬｰﾅｰﾃｨ ｻﾄｰ ﾅ ｼﾞｬﾝﾏ ﾃﾞｰﾊ ﾌﾟﾗﾏｰﾉｰﾝﾆｬ ｳﾃﾞｰﾃｨ ﾏｯﾄﾞｴｰ)

अहंकृतिग्रन्थिविबन्धसूक्ष्मशरीरचेतोभवजीवनामा ।।२६।।

(ｱﾊﾑｸﾘﾃｨｸﾞﾗﾝﾃｨｳﾞｨﾊﾞﾝﾀﾞｽｰｸｼｭﾏｼｬﾘｰﾗﾁｪｰﾄｰﾊﾞｳﾞｧｼﾞｰｳﾞｧﾅｰﾏｰ)

(註) देहः न जानाति　身体には分からない、सतः न जन्म　存在は生まれるものではない、मध्ये 間に、अन्यः　他の、देह - प्रमाणः　身体の大きさ、उदेति　生まれる、अहंकृति - ग्रंथि - विबन्ध - सूक्ष्म - शरीर - चेतो - भव - जीव - नामा　エゴ、あらゆるものを結びつけているもの、微細な身体、心、人生などの名前で、

解説：熟眠中に体験できる「本来の自己（存在）」と、目が覚めてから顕れ「私として認識する、この身体」、この２つの間を行き来し、結びつけているものものが「微細な身体としてのエゴ、心、人生などの名前で呼ばれるもの」である。それが顕れたり消えたりする。

この身体を真の存在だと思っている者にとって「私とは彼である。」という気づきこそが究極の探求を助ける。「私とは、この身体を有する人間だ。」というようなことを言っているのは、存在を理解するのに取るに足らないことだ。（SD　３８）

सोऽहंविचारो वपुरात्मभावे साहाय्यकारी परमार्गणस्य ।
（ソーハムヴィチャーロー ヴァプラートマバーヴェ サーハーイヤカーリー パラマールガナスヤ）
स्वात्मैक्यसिद्धौ स पुनर्निरर्थो यथा नरत्वप्रमितिर्नरस्य ।।३८।।
（スワートマイキャシッダウ サ プナルニラルトー ヤター ナラトワプラミティルナラスヤ）

（註）वपुस् आत्मभावे この身体が真の存在だとの気づき、सः अहं विचारः「彼は私である。」との気づき、पर मार्गणस्य 真理の探求の、साहाय्यकारी 助けになる、नरस्य 人に対して、नरत्व प्रमितिः 人間であるという想い（は取るに足らぬ）、स्वात्मैक्य सिद्धौ 一つの存在の完全な理解、निरर्थः 目的のない、

私たち(一人称)がなければ、空間も時間も語ることは出来ない。身体は、空間と時間の中に存在するが、真の私は、身体ではない。私などというものは、どこにも存在しない。時間などないところに、私はいる。あらゆるところに、常に、私は存在している。（SD　１８）

क्व भाति दिक्कालकथा विनाऽस्मान्　（クヴァ バーティ ディッカーラ カター ヴィナースマート
दिक्काललीलेह वपुर्वयं चेत् ।　ディッカーラリーレーハ ヴァプルヴァヤム チェート）
न क्वापि भामो न कदापि भामो　（ナ クヴァーピ バーモー ナ カダーピ バーモー
वयं तु सर्वत्र सदा च भामः ।।१८।।ヴァヤム トゥ サルヴァットラ サダー チャ バーマハ）
（註）अस्मात् विना 「私たち」がなければ、दिक् काल कथा 空間と時間を語る、

क्व どこ、 भाति 輝く（存在する）、वयम् वपुः चेत् もし、私たちが身体なら、इह ここ、दिक् काल लीला 空間と時間の戯れ、न क्वपि どこにも～ない、न कदापि 時間などない、सर्वत्र あらゆるところに、सदा च 常に、いつでも、तु しかし、वयम् भामः われわれは輝く（存在する）、

解説：時間と空間という考えは、「私たち」という第一人称が現れてから生じる。それは心が、「何が起こって」「まだ、何が起こっていないか」と考えるからである。そうすると、この不断の流れを断ち切って、過去・現在・未来という３つの時が出現する。しかし、時間の本質とは、永遠の「瞬間（クシャナ）・今」である。つまり、真の自己は常に存在し、時間や空間を超えた永遠・不変・不滅のものである。「真の私」と、目が覚めてから出現する「（第一人称の）私たち」は別である。

１１．「真の自己」の呼び名

名付けと形による思考が止むと、真の自己が現前にある。それは、イーシュワラが目前にあることでもある。真の自己は、イーシュワラと同じである。（US　２５）

वेषहानतः स्वात्मदर्शनम् । （ｳﾞｪｰｼｬﾊｰﾅﾀﾊ　ｽﾜｰﾄﾏﾀﾞﾙｼｬﾅﾑ ）
ईशदर्शनं स्वात्मरूपतः ॥२५॥ （ｲｰｼｬﾀﾞﾙｼｬﾅﾑ　ｽﾜｰﾄﾏﾙｰﾊﾟﾀﾊ）

（註）वेष-हानत　名付けと形による思考が止むと、स्वात्म-दर्शनम्　真の自己がそこにある、ईश-दर्शनम्　イーシュワラもそこにある、स्वात्म -रूपतः　真の

自己とイーシュワラは同じ

解説：「真の自己」は、イーシュワラと呼んでも、神と呼んでも、主と呼んでも構わない。その理由は、次句を読めば明らかとなるからである。

どんな願望も、考えも、努力もなしに、ふさわしい時に昇った太陽の側にいるだけで、太陽石は火を噴き、蓮の花は咲き、水は蒸発します。世の中の人はすべて、各々の責務に応じて人生を送り、それを全うして一生を終わります。丁度、磁石の近くで針が動くように、イーシャ（主、Lord）の近くにいるだけで、自然に生じる３つの活動（創造、維持、破壊）（註１）**、或いは、５つの自然特性**（註２）**に基づく至上者（主、Lord）の恵みに従って、人々は（この世で）振る舞い、そして一生を終えるのです。しかしながら、イーシュワラに想念は、生じません。４つの自然特性（地、水、火、風）は、この世の活動に、なんら悪い影響を与えません。丁度、太陽が、空間の働きに少しも悪影響を与えないのと同じように、４つの自然特性が（５つめの）空間を覆うことはありません。（KH　１７）**

（註１）（ブラフマ、ヴィシュヌ、シヴァ ब्रह्म , विष्णुः , शिवः ）

（註２）５つの物質的特性と考えれば、地、水、火、風、空間、また、前述の創造、維持、破壊の３つに加えて、隠れている神の力、恩寵、または慈愛を加えて５つとも考えられる。ヒンディー語訳は、この立場を取っている。

इच्छा सङ्कल्प प्रयत्नमन्तरा समयादुषिते सवितरि तत्सन्निधिमात्रेणायस्कान्त

स्यानलोद्गमनं , तामरस कुसुमस्य विकासः, सलिलानां संशोषणं , लौकिकानां सर्वेषामपि जनानां स्वस्व कार्येषु प्रवृत्तिः , कान्तोपल सन्निधौ सूचिकाचेष्टा च यथा भवति तथा ईशस्य सन्निधिविशेषमात्रेण प्रवृत्तस्य सृष्ट्यादि कृत्यत्रयस्य वा , पञ्च कृत्यस्यवा जीवाः परवशी - भूयस्वस्वकर्मानुसारेण चेष्टित्वा विनिवतर्तन्ते । किन्तु स ईश्वरस्सङ्कल्पसहितो न भवति । न च तानि सृष्ट्यादि कर्माणि तं लिम्पन्ति । यथा सूर्यलोककृतानि कर्माणि न लिंपन्ति , यथा वा चतुर्भूतगुणा आकाशं न समवयन्ते , तादृगेवैतत् ।

（註）अधीनम् ～による、依存する、ननु　まさしく、प्रयत्नम् अन्तरा　努力もなしに、समयात् द्युषिते सवितरि　ふさわしい時に昇った太陽、तत् सन्निधि मात्रेणा　ただ側にいるだけで、आयः कन्तस्य आनल उद्गमनम्　太陽石は火を噴く、तामरस - कुसुमस्य विकासः　蓮の花は咲く、सलिलानाम्　水、शोषणम्　蒸発する、乾く、लौकिकानां　世の中の、उपल　休息する、सूचिका（磁石の）針、चेष्टा　動く、सन्निधि　近く、सृष्टि　特性、त्रयस्य कृत्य वा，पञ्च - कृत्यस्य वा　３つの働き、或いは、５つの働き、परवशी भूयस्व　至上者の恵み、अनुसारेण　～に従って、ष्टित्वा　振る舞う、विनिवतर्तन्ते　休息する、सहितः न भवति　生じない、चतानि सृष्ट्यादि　４つの自然特性等も、न तम् लिम्पन्ति　悪影響を与えない、लोककृतानि　空間、न समवयन्ते　覆うことはない、तादृश् एव एतत्　まったく同じように、

解説：一般にイーシュワラ（ईश्वरः）は、動詞語根√ईश्（支配する）から派生した語である。ईश् に接尾語の वर が付いたものがイーシュワラ（ईश्वरः）であり、従って、イーシャ（ईशः）も同意語で「（すべてのものの）支配者」であると同時に、全知者、全能者、遍在するものとしても知られる。われわれを育んでくれるものでもある。自然に生じる３つの活動（創造・維持・破壊）の原語はクリッティヤ（कृत्य）である

が、むしろそういった力（パワー）と言った方がよい。５つの自然特性（地・水・火・風・空間）は、イーシャの支配下にあるもので、われわれは、その恵みの下で生活・活動し一生を終える。従って、何事も、すべてはイーシャによるのだ。従って、われわれは、その呼び名を、神とか主とか、ブラフマとか、いろいろな名で呼んできたが、それは一向に構わないのである。では、どうすれば、また、いつ、「真の自己」への気づきが得られるのか？

それは、「コーハム」の問４、問５でマハルシは答えている。それを見てみよう。

１２．この世界は幻想

Q４：いつスワルーパ（本性）への気づきが得られるでしょうか？
A４：見えているこの世界が消えれば、真の自己が観察者として現れます。（KH　４）

प्र - ४ ।। स्वरूप दर्शनं कदानुलभ्येत ?
उ - ४ ।। दृश्ये जगति निवारिते दृग्स्वरूप दर्शनं जायेत ।

（註）दर्शनम् 気づき、कदा　いつ、अनुलभ्येत　得られる、दृश्ये जगति निवारिते　見えているこの世界が消えれば、दृग्स्वरूप　真の自己の観察者として、जायेत　現れる、

解説：これが最も大切な問いであり、マハルシの回答である。そして、さらに問いと回答が続く。

Q５：この世界が幻想として見えている時は、真の自己が現れることは不可能でしょうか？
A５：その通りです。（KH　5）

प्र - ५ ।। दृश्ये जगति (प्रतिभासमाने) सति स्वरूपदर्शनं न जायेत किन्नु ?
उ - ५ ।। न जायेत ।

（註）दृश्ये जगति (प्रतिभासमाने) सति この世界が幻想として見えている時は、न जायेत किम् नु 不可能、

解説：われわれに、そのように見えているものは、実は、幻想・幻影（マーヤーと言われるもの）であって、真実ではない。その譬えをマハルシは、次句で次のように語っている。

観察者と見られる対象は、ちょうどロープと蛇の譬えのようなものです。錯覚上の蛇の姿が消えないかぎり、実体はロープであるという認識はやってきません。同じように、幻想上の世界が取り除かれない限り、真の自己が現れることはありません。（KH　6）

दृक् , दृश्यं च रज्जुवत्सर्पवच्च भवति । कल्पित सर्पज्ञान विनाशाभावे तदधिष्ठान रज्जुज्ञानं यथा नोदेति, तथा कल्पित जगद्दृष्टि विनाशाभावे तदधिष्ठान स्वरूपदर्शनं न जायेत।

（註）दृक् 観察者、दृश्यम् 見られるもの、रज्जुवत् ロープのような、सर्पवत् 蛇のような、कल्पित सर्प 錯覚上の蛇、ज्ञानविनाशाभावे 姿が消えない限り、तत् अधिष्ठान その観点、रज्जुज्ञानम् ロープであるという認識、न उदेति 起こらない、कल्पित जगद्दृष्टि 想念上の世界、विनाशाभावे 消えない限り、न जायेत 現れない、

解説：ロープを蛇と誤認した場合、「存在」と「非存在」のどちらとも言えない。それをサンスクリット語では、ミットヤー（मिथ्या）と言っている。この譬えのように、人は自分でないもの（よく似ているが、本物でないもの）を本性と思い込んでしまいがちだが、このミットヤーが取り除かれない限り、真の自己は現れない。では、それは、いつ消えるかという問いに対してマハルシは、答える。

心が動いて起こるすべての想念や行動が止むとき、世界は消え失せます。（KH　7）

सर्वविज्ञानानां, सर्वकार्याणां च साधारण कारणे मनसि लीने जगल्लीनं स्यात् ।

（註）सर्वविज्ञानानाम् すべての想念、 सर्वकार्याणाम् すべての行動、साधारण कारणे मनसि लीने ～のような心の動きが止まれば、जगत् लीनम् स्यात् 世界は消え失せるに違いない、

１３．探求の仕方～その１

「私とは誰か」と常に探求することによって心は完全に消滅します。「私とは誰か」という想念は、他のすべての想念を根こそぎ消滅させます。それは、ちょうど火葬場で死骸を焼く時の薪のように想念を全焼させせます。その時、真の自己が現れます。（KH　１０）

" कोहमिति " निरन्तर विचारणेनैव मनो विलीयेत । अहं क इति स्मृतिः
स्वेतर सकल स्मृतिः प्रविलाप्य शवदाहक दण्डवत्स्वयमप्यन्ततो
विलीयते। ततश्च स्वरूपदर्शनमं भवेत्।

（註）कथम् どのようにすれば、विलीयेत　消滅させることが可能か、निरन्तर 中断することなく、常に、विचारणेन　探求することによって、स्मृतिः　想念、इतर 残りの、सकल　すべての、प्रविलाप्य　燃やす、焼く、शवदाहक 死骸、दण्डवत् 薪のように、स्वरूप - दर्शनम्　真の自己が現れる（見える）、

解説：マハルシは、「私」という想念がすべての幻想の根源で、その想念がどこから湧いてきたかを探求すれば、心の仕業だと分かり、その気づきが生まれれば、火葬場で死骸を焼く薪のようにこの想念は完全に焼き尽くされる、と言う。しかし、これは、なかなか難しい。それを持続する方法は、と問われて、マハルシは、答えている。

他の想念がわき起こってきた時には、その想念が頭の中を占めて集中できなくなっていることに気づきますが、「これらの想念は誰に起こってきたのか。」とその根源を探求すべきなのです。例え、どれほど多くの想念が起こってもかまいません。次から次へと想念が湧くたびに、この想念は誰に起こってきたのかを注意して、この検証をすれば、「私に」起こっていることが分かります。そして、「私とは誰か」という探求をすれば、心はその生まれた場所に戻っていきます。この実践を絶えず繰り返せば、それが実り、心は、その生まれ

た場所に長く留まることの出来る能力が育ちます。もし、この微細な心が、理性や知覚器官によって外へ出ると、物質的な名前や形を持つものが生まれます。また、もし、それがハート（心の誕生する場所）に留まることができれば、名前や形を持ったものは顕れません。「バヒルムッカ」とは、心が、ハート（心の生ずる場所）から知覚の対象へと流出すること、それとは逆に、「アハムムッカ」とは、心がハート（心の誕生地）へと戻っていくことと言われます。まさに、心がハート（心の誕生場所）から外へ流れ出ることが「バヒルムッカ」と呼ばれるのです。このように、心がハート（心の誕生地）に留まれば、すべての想念や二次的に生じた形あるものに由来する「私」は姿を消し、あらゆる所に存在する本性そのものが姿を顕します。（従って）なすべきすべての行為は、アハムカーラ（エゴ、偽りの自己）なしにするべきです。そのようにすれば、すべてのことは、シヴァの本性として輝き出すでしょう。（ＫＨ　１１）

बाह्य सङ्कल्पेषु जातेषु , तान्परिपूरयितुमप्रयतमान एव ‘ एते सङ्कल्पाः कस्योदिता ’ इति विचारमं कुर्यात् । जायन्तां नाम कियन्तोवा सङ्कल्पाः । एकैकस्मिन्सङ्कल्पे समुद्भूते, तत्काल एव ‘कस्यामुद्भूत ’ इति सावधानं यदि विचार्यते, तदा ‘ममेति’ प्रतिभासेत। ‘अहंक’ इति विचारिते च मनस्स्वजन्मस्थानं प्रत्यावर्तेत । अनवरतमेवमभ्यासे कृते, तत्पाटवेन मनसस्स्वजन्मस्थानम् एव चिरकालावस्थिति शक्तिरभिवर्धेत । सूक्ष्ममिदं मनो बुद्धीन्द्रिय द्वारा बहिर्मुखी भवति चेत् , स्थूलानीमानि नाम रूपाणि जानाति । हृदयम् एव प्रत्यवतिष्ठते यदि, तदा नाम रूपाणि न जानाति । बहिर्मुख विषय प्रवृत्तेर्मनः प्रत्यावृत्य हृदयावस्थापनमेव ‘अहंमुख’मिति ‘अन्तर्मुख’मिति च गीयते । हृदयाद्बहिः प्रवृत्तिरेव ‘बहिर्मुख’ मित्युच्यते । एवं मनसि हृदय प्रतिष्ठिते सति सकल सङ्कल्प - विकल्प कारणमहं विलीनं सत्सार्वदिक स्वस्वरूपमात्रं प्रकाशेत । सर्वमपि

कार्यमहङ्कारं परित्यज्य कुर्यात्। तथा कृते सर्वमपि शिवस्वरूपमं भासेत।

(註) सर्वदा 常に、अवलंबितुम् 持続するため、कः उपायः どのようにすれば、बाह्य - सङ्कल्पेषु जातेषु 他の想念が湧き起こってきた時、परिपूरयितुम् अप्रयतमान 想念が頭の中を占めて集中できなくなって、कस्य उदिता 誰に起こってきたのか、कुर्यात् すべき、एकैकस्मिन् सङ्कल्पे समुद्भूते 次から次へと想念が湧くたびに、कस्य अयम् उद्भूतः 誰に起こってきたか、सावधानम् 注意して、तिभासेत 起こっている、मनस् स्वजन्म - स्थाने 心の生まれた場所に、प्रत्यावर्तेत 戻ってゆく、अनवरतम् एवम् अभ्यासे कृते この実践を絶えず繰り返せば、पाटवेन 実り、चिरकालावस्थिति 長く留まることのできる、शक्तिः अभिवर्धेत 能力が育つ、सूक्ष्मम् 微細な、बुद्धीन्द्रिय - द्वारा 理性や知覚器官によって、बहिर्मुखी 外のものへ向かう、चेत् もしも、इमानि स्थूलानि これら物質的な、जानाति 生まれる、(यदि) हृदय एव प्रत्यवतिष्ठते ハートに留まれば、मनः विषय - प्रवृत्तेः 心が対象へと流れる、प्रति आवृत्य (それとは逆に) 戻ると、उच्यते 言われる、मनसि हृदये प्रतिष्ठिते सति 心がハートに留まれば、सकल - सङ्कल्प - विकल्प すべての想念や二次的に生じた形あるもの、विलीनम् 姿を消し、सत्सार्वदिक् 偏在する、प्रकाशेत 現れる、न अहङ्कारम् エゴなしに、परित्यज्य 棄てて、शिवस्वरूपम् シヴァの本性、भासेत 現れるに違いない、

解説：他にも方法はないか、との問いに対して答えているが、それらは、ヨーガの道として知られるものである。
ラージャヨーガ、カルマヨーガ、バクティヨーガ、があり、「バガヴァッド・ギーター」をはじめヴィヴェーカーナンダなど多くの人がその道について述べている。マハルシの探求は、ギャーナヨーガ、または、ニャーナヨーガとして知られ究極のものである。

上記の３つのヨーガの道をマハルシはどのように見ているのか、次句に移ろう。

１４．探求の仕方〜その２

心が消滅することを検証しないで、他の方法を探しても、それはありません。他の方法によって、心を克服しようと考えても、心は鎮まったようにはみえますが、再び外へと流れ出ます。プラーナーヤーマ（呼吸法）によっても、心は鎮まりますが、あくまで、呼吸が制御されている間だけのことであり、その状態が過ぎると、普段の呼吸に戻り、心は再び活動し始め、自然に外へと向かい、想念が湧いてきて心は外へ流れ始めます。

心と呼吸の出所は、まったく同じ場所なのです。心こそ想念の実体に他なりません。私という想念こそ、心の最初の想念で、これがアハムカーラ（エゴ、偽りの自己）という名で呼ばれます。
何故なら、アハムカーラの生ずるところから、呼吸も、また生まれるからです。従って、心が鎮まると呼吸も鎮まり、呼吸が鎮まると心も吸収されてゆきます。しかし、就寝中、心は吸収された状態になっていますが、呼吸は停止していません。身体を守るために、「まだ、この身体は死に至っていない（死んでいない）」状態なのか、そうでないのかを見定めるためのイーシュワラの配慮なのです。真の自己への気づきがあり、サマーディーの状態の場合は、心も呼吸も吸収された状態です。呼吸は、心が物質的な姿になったものです。死が訪れる時まで、呼吸は身体の中に留め置かれます。そして、臨終の時に、心は呼吸を一緒に連れ去ります。従って、呼吸が鎮められても、心が不活発になったというだけで心が消滅したということではありません。プラーナーヤーマと同じように、（像や絵など）形ある神への瞑想や、マントラを唱えたり、神の名を唱えるジャパや断食なども、心を鎮める助けに過ぎないのです。形ある神への瞑想やマントラを唱えるジャパなどによって、心は一点に集中するようにはなります。心は常に、あちこち動き回るのが本来の性質です。もし、象の鼻に鎖を繋ぐと、その象は、他のものを何か捉まえようとはせずに、その鎖だけを頼りに前進するようになります。
同じように、心も何か名前と形のあるものを頼りに、長い間、繰り返し実践すれば、きっと助けになります。心が、無数の想念や幻想などに拡散すると、その一つ一つの想念は弱体化し、役をなさなくなります。（逆に）多くの想念が次第に鎮まり完全に吸収されると、それが力（パワー）となり、心は、本来の自己へと辿り着くことが確かめられます。心が鎮まる方法の中で優れたものは、最適の、有益で、清潔な、ポジティヴでサトヴィックな食物を摂ることが大変大切で、真の自己の探求の助けとなり不可欠です。（ＫＨ　１２）

मनो निरोधे विचारं विना नान्ये समुचितास्सन्त्युपायाः उपायान्तरावलंबनेन मनोनिग्रहाय प्रवृत्तौ, मनोनिगृहीतमिव भूत्वा पुनरपि बहिरुद्भवेत् । प्राणायामेनापि मनो निरुद्धं भवति। किन्तु प्राणरोधो यावत् कालं भवति तावत्कालपर्यन्तं मनो निरुद्धमिव भूत्वा, प्राणे (निरोधावस्थां विहाय) बहिः प्रवृत्ते स्वयमपि बहिर्मुखी भूय वासनावशान्मनोपि ततस्ततो धावेत्। मनसः प्राणस्यच जन्मस्थानमेकमेव। मनसस्सङ्कल्पनमेव स्वरूपम् । ‘अह’मिति सङ्कल्पनमेव मनसः प्रथमसङ्कल्पः । तदेवाहङ्कारो नाम । अहङ्कारश्च यतो निष्पद्यते, तत एव प्राणोपि निष्पद्यते। ततश्च मनसि निगृहीते प्राणः, प्राणे प्रगृहीते मनश्चविलीयते। परन्तु सुषुप्तौ मनसि प्रलीनेऽपि प्राणो न प्रलीयते। देह संरक्षण निमित्तं ‘मृतोवायंदेह’ इति मध्यस्थ शङ्काव्यवच्छेदनार्थं चैवं प्राण जागरणमीश्वर नियति सिद्धं विजयते। जाग्रति, समाधौ

च विलीनावस्थे मनसि, प्राणोपि विलीयते। मनसस्स्थूलरूपमेव प्राण इति भवति। आप्रायणाच्छरीरे प्राणमवस्थाप्य प्रायण समये मन एव प्राणमाकृष्य गच्छति। तस्मात् प्राणस्पन्दनिरोधो मनोलयोपायो भवन्नपि न तन्नाशोपायो भवति। प्राणायाम इव मूर्तिध्यान मन्त्र जपाहारनियमाद्याश्च मनो निरोधे साहाय्यमात्रं कुर्वन्ति। मूर्ति ध्यानेन, मन्त्र जपेन च मन एकाग्रतामश्नुते। मनश्च सदा चञ्चल स्वभावमेव वर्तते। वेतण्डस्य शुण्डा दण्डे समर्पितायां शृङ्खलायां स च यथा तामेवान्यद्वस्तु विहायावलंबमानो गच्छति, तथा मनोपि किञ्चिन्नामरूपं चिराभ्यासगोचरितमेवालंबेत। अनवधिकासंख्येय सङ्कल्प विकल्पादि वृत्ति भेदैर्मनसो विकास प्राप्तौ एकैकस्यास्सङ्कल्पव्यक्तेर्दौर्बल्यं , नैष्फल्यं च भवति। सङ्कल्पेषु क्रमेणोपशमं प्रापितेष्वेकाग्रता सिद्धिद्वारा प्राबल्यं प्राप्तस्य मनसस्स्वात्मविचार सिद्धिरतिसुलभा भवति। सकल नियम श्रेष्ठेन हितमितमेध्याशन नियमेनोद्भूत सत्वगुण भूयिष्ठं मन एवात्म विचारान्तरंग साधनं भवतीति सोऽपि साहाय्यमश्नुते।

（註）मनः निरोधे　心の消滅、सम् - उचिता　適当な、अवलंबनेन　～によって、प्रवृत्तौ ～し始めても、बहिस् उद्भवेत्　外へと流れ出る、निरुद्धम् भवति　鎮まる、प्राणरोधो यावत् कालं भवति　呼吸が制御されている間、निरोधा ' अवस्थां विहाय　制御された状態が過ぎ去って、प्राणे बहिः प्रवृत्ते　普段の呼吸に戻り、वासना वशात् 想念の力で、ततस्ततः　あちらこちらへと、धावेत्　流れる、यतः निष्पद्यते　生ずるところから、सुषुप्तौ　就寝中、न प्रलीयते　停止していない、देह - संरक्षण - निमित्तम्　身体を守るため、मृतः वा अयम् देहः　この身体は死に至ったか、मध्यस्थ - शङ्का - व्यवच्छेदन ' अर्थ 途中かどうか確かめるため、प्राण - जागरणम् - ईश्वर - नियति - सिद्धम्　呼吸を見守るイーシュワラの配慮、जाग्रति समाधौ च　目が覚めている時とサマーディの時、विलीन - अवस्थे　吸収された状態、स्थूल - रूपम्　物質的な姿、आप्रायणात्　死が訪れるまで、अवस्थाप्य 留め置かれる、प्रायण समये　臨終の時、प्राणम् आकृष्य गच्छति　呼吸を連れ去る、

प्राणस्पन्द - निरोधो 呼吸が鎮まっても、लय उपायः 心が不活発になった、नश उपायः 消滅した、मूर्तिध्यान - मन्त्र - जप - आहार - नियमाद्याः（像や絵など）形ある神への瞑想やマントラを唱えたり、神の名前を唱えるジャパや断食など、साहाय्य 助け、एक - अग्रताम् अश्नुते 一点に集中するようになる、वेतण्डस्य शुण्डा दण्डे समर्पितायां श‍ृङ्खलायां सति 象の鼻に鎖を繋ぐと、अन्यत् वस्तु 他のもの、विहाया अवलंबमानः 捉まえようとせずに、चिर अभ्यास 長い間繰り返し実践すれば、आलंबेत 助けになる、अनवधिक - असंख्येय - सङ्कल्प - विकल्प -आदि - वृत्ति - भेदैः - मनसः 心が無数の想念や幻想などに拡散すると、एक - एकस्याः सङ्कल्प व्यक्तेः 一つ一つの想念が現れると、दौर्बल्यं 弱体化し、नैष्फल्यं 役をなさない、क्रमेण - उपशमम् 次第に鎮まり、प्रापितेषु - एकाग्रता - सिद्धि - द्वारा 完全に吸収されると、प्राबल्यं 力（パワー）、सकल नियम श्रेष्ठेन 心が鎮まるあらゆる方法の中で優れたもの、हित - मित - मेध्य - अशन - नियमेन - उद्भूत - सत्व - गुण - भूयिष्ठं 最適の、有益で、清潔な、ポジティヴでサトヴィックな食物を摂ることが大変大切、अन्तरंग 必須、

解説：はっきり、「ない」と答えている。何故なら、それらは一時的なもので、最終的にはギャーナーヨーガの道に辿り着くことが必要だからである。

人々は心が妨げになっていることに気づかずに、もっと他に方法はないだろうかと、どれほど多くの時間や年数を過ごしてきただろうか。心を克服しよう、克服したいという願いもまた想念で、これがどこから出てくるのかに気がつかないかぎり、すべては振り出しに戻ってしまう。「呼吸は心が物質的な姿になったも

の」というマハルシの言葉通り、だから、ハタヨーガでは、プラーナ・アーヤーマという行法を取り入れた。しかし、呼吸は、熟眠中でも停止しないので、目が覚めれば再び心は動き始める。従って、心の停止には、吸収と消滅の２つがあり、プラーナ・アーヤーマや（絵や像など）形ある神への瞑想やマントラを唱えるジャパなどは、あくまで一時的に心を鎮めることは出来ても、心の消滅ではないことをよく理解しておくべきである。

無数の想念が止まり、消えていくと、その一つ一つの力は、数に反比例して逆に弱くなり、瞑想の深まりによって、心はその出所へと収斂し、消滅していく。また、「人は食べ物次第（You are what you eat.）」という言葉通り、サトヴィクな食物を摂ることの重要性をマハルシは強調している。身土不二の原則である。

さて、ここで生ずるもう一つの大きな疑問は、至福の状態は死と同じか？　ということである。この問いにもマハルシは明解に答えている。熟眠の状態が至福であることは万人が体験している。そして、この状態は、まだ死ではない。何故なら、心は完全に吸収されているが呼吸は停止せず、マハルシはそれをイーシュワラの配慮と言っている。これはわれわれの関知出来ない領域になっていて、熟眠中、あるいは呼吸のスイッチは一旦切られていて目が覚める頃再びスイッチがＯＮになるのかもしれないし、きわめて少ない回数になっているのかもしれない。しかし、死との違いは、呼吸は身体の中に留め置かれている。そして、死が訪れれば、「心は呼吸を一緒に連れ去る」とマハルシは述べている。つまり、死とはサンスクリット語でムリトユ（मृत्युः）と言うが、ムリ（√मृ）とは、プラーナ・ツヤーガ（प्राण त्यागः）「呼吸（息）が止まる」ことである。そうなると、至福の状態は果たして意識できるだろうか？ 意識できれば同じ、そうでなければ違うとしか言いようがない。何故なら、それはわれわれの関知出来ない領域だからである。また、世間では臨死体験などというが、だれも呼吸を一緒に連れ去られた体験ではないので、それは夢の一種か幻想である。至高の愛は、体験できるものでなければならない。ひとつはっきりしていることは、この世に形と名前を持った存在の「私」は、元の存在に戻る、或いは、吸収されることは確かである。この存在こそ、不滅の本性である。

１５．ヴァイラーギャ

想念が起こってきたとき、そのすべての想念が消滅し完全に静寂な状態が得られ、継続することが、ヴァイラーギャと言う名前で呼ばれるものです。海に潜って真珠を採る人は、砕いた手頃な石を腰に結びつけて海に潜り、真珠を取ってきます。同じように、日常の生活で、何の束縛もない自由を望み、ヴァイラーギャを達成して、自ら心（エゴのシート）に入り込み、（そこから）真の自己という真珠を取ってくることが可能です。（ＫＨ　１９）

सर्वेषामपि सङ्कल्पानामुत्पत्तिस्थान एवाऽऽत्यन्तिक विनाश संपादनमेव वैरग्यं भवति । जलधिजठरगतं मुक्ताफलं गृहीतुं , कटितटे किमपि शिलाखण्डं समाबद्धय , जलधि जठरमनुप्रविश्य , यथा लोके तदुपलभ्यते , तथा मुमुक्षवोऽपि वैराग्यादि साधन संपत्त्या स्वयमेव स्वान्तरानुप्रविश्य स्वात्ममुक्ता फलमुपलभेरन् ।

（註）उत्पत्ति 起こって、अत्यन्तिक　継続する、संपादनम्　得られる、जलधि　海に（潜って)、मुक्ताफलं गृहीतुं　真珠を採るため、जठर - गतं कटितटे　腰に付けて、शिला - खण्डं　（手頃に）砕いた石、समाबद्धय　結びつけて、अनुप्रविश्य　潜ってゆく、मुमुक्षवः　何の束縛もない自由を望み、संपत्त्या　降りていって、स्वान्तः अनुप्रविश्य　エゴのシート seat（＝心）に入り込み、उपलभेरन्　採ってくることが可能、

解説：アビヤーサ（अभ्यास）「繰り返すこと」と共に、よく使われる用語で、ヴァイラーギャ（वैराग्यम्）は、वि（ヴィ）＋राग（ラーガ）から「離欲」と訳されていることが多い。しかし、それほど単純なものでないことが、ここではっきりと述べられている。**すべての想念が消滅し、完全に静寂な状態が得られ、自ら自分の心に入り、「真の自己」という真珠をとってくること**という説明ほど適切なものはない。

１６．「イーシュワラ」と「グル」

イーシュワラやグルは、自由な状態へとあなたを結びつける道を単に示し導くだけです。決して、人々を一緒にそこまで連れて行ってくれることはありません。イーシュワラやグルは、実は、同

じ存在です。虎の顎の中に落ち込んだ獲物の動物は、もう逃れる術がないように、師の恩寵の一瞥に偶然出くわせば、もう、すべての人々は、死からも護られて、決して自分自身を失うことはありません。すべての人々は、イーシュワラやグルによって示された間違いのない道を注意深く、自分の能力と努力によって、自由を達成し獲得する価値があるのです。自分自身を知るのは、自分自身の目によってのみ可能です。他の人の目によっては、絶対に不可能です。ラーマが、真の自己を知るために、どうして、別に鏡を欲しがるでしょうか。（ＫＨ　２０）

ईश्वरो गुरुश्च मोक्षोपयोग मार्गप्रदर्शकावेव । न खलु स्वयमेव जीवान्मोक्षं प्रापयतः । ईश्वरो गुरुश्च न परस्परं वस्तुतो भिन्नौ । व्याघ्र मुखपतितं प्राणिजातं यथा निर्जीवं भवति , तथाऽऽचार्यानुग्रह दृष्टि निपतितस्सर्वापि प्राणी , निर्जीवा मृतीभावसंपदनेन संरक्ष्यत एव , न सजीवं परित्यक्ष्यते । सर्वोऽपि जीवस्स्वेन पौरुषेण प्रयत्नेन सर्वेश्वरेण गुरुणा वा सन्दर्शिते सम्यग्दर्शनमार्गे सावधानतया प्रवृत्तिं संपाद्य मुक्तिं प्राप्तुमर्हति । स्वेन ज्ञान चक्षुषा स्वमात्मानं स्वेनैव ज्ञातुं शक्यते । कथं खलु परेण ज्ञातुं शक्यते । न हि रामस्स्वमात्मानं राम इति ज्ञातुमादर्शमन्यमपेक्षते ।

（註）ईश्वरेण गुरुणा च　イーシュワラやグルによって、जीवा　人々は、मोचयितुं शक्यन्ते　何の束縛もない自由な状態を得られる、उपयोग　結びつける、प्रदर्शक आव एव　示し導くだけ、प्रापयतः　連れて行く、न परस्परं वस्तुतो भिन्नौ　互いに同じ存在、व्याघ्र मुख पतितम्　虎の顎の中に落ち込んだ、प्राणिजातम्　獲物の動物、निर्जीवं भवति　逃れる術がない、命はない、आचार्यानुग्रह दृष्टि निपतित　師の恩寵の一瞥に偶然出くわすと、निर्जीवा मृतीभाव संपादनेन संरक्ष्यत एव　死からも護られ、न सजीवं परित्यक्ष्यते　決して自分自身を失うことはない、स्वेन पौरुषेण प्रयत्नेन　自分の能力と努力によって、संदर्शिते सम्यग्दर्शनमार्गे　示された間違いのない道

を、सवधानतया प्रवृत्ति　注意深く進む、आदर्शम　鏡、अपेक्षते　欲しがる、

解説：友人は、ある時点で、あなたにふさわしい人を紹介してくれる。しかし、それは必ずしもグルではない。グルとの出会いは、各人のサーダナーの、ある段階で突如として起こる。イーシュワラとグルは同じ存在で、いつも身近にいる。しかし、すぐに気づく場合もあれば、長い間気がつかずにいる場合もある。こんな話があるそうだ。ある日グルに遇った人は、グルからこう言われたそうだ。「あなたは、２０年前にも来たことがある。」ともかく、グルの一瞥に遇えば、もう決して道を間違うことはない。後は、自分の能力と努力によって、その道を歩いて行けばよい。しかし、グルが真珠なり、宝物を採ってきて手渡してくれるようなことは決してない。

１７．教 典

まったく束縛のない自由を達成するための手引きとなる本には、「心の静寂が究極の目標である」と書かれています。従って、真理を（グルの口から、つまり根源から）よく理解できれば、多くの本を読むために時間を費やす必要はありません。自分の心が平静になるという意味は、「私とは誰か」という探求によって、思考（想念）がなくなることですから、いかに多くの本を読んで調べたとしても、心の静寂を達成できるでしょうか？自分自身の智慧の眼で、内なる真の自己をよく理解すべきです。真の自己は、パンチャ・コーシャ（註）の中で輝いています。

（註）パンチャ・コーシャとは、人間の身体を「だし巻き卵」のように「鞘」に譬えた表現で、順に、अन्नमयकोशः（物質的な身体、食物によって維持されている包み）、प्राणमयकोशः（エネルギー）、मनोमयकोशः（心）、ज्ञानमयकोशः（知性）、 आनन्दमयकोशः（ハート）の「５つの鞘」。

書物、或いは出版物は、パンチャ・コーシャの外側にあります。従って、真の自己は、パンチャ・コーシャですら「これではない、これでもない」と（否定すべきもの、棄てるものを）よく探求すべきです。書物を読んだからといって、とても可能なことではありませんから、書物による学習は無意味です。いずれ、人は書物も含め今までに学んできたことすべてを忘れねばならない時が来るでしょう。（ＫＨ　２３）

शास्त्रेषु मुक्तिप्राप्तये मनोनिग्रहस्यैवोपायतयोपदेशेन , " तेषां मनोनिग्रहोपाय प्रदर्शन एव परमं तात्पर्य " मिति सिद्धान्त तत्वे (गुरुमुखात्) अवगते सति बहुशास्त्राभ्यास परिश्रमेण न किञ्चिदस्ति प्रयोजनम् । स्व मनोनिग्रहार्थं स्वयमेव स्वस्मिन्स्वात्मानं " कोऽह " मिति विचारं विहाय , कथं बहुशास्त्र विचारेण मनोनिग्रहस्सुलभो भवति ? स्वं स्वेन ज्ञानचक्षुषा स्वास्मिन्स्वयमेवह्यवगन्तव्यं । स्वं च पञ्चकोशान्तरवभासते । शास्त्र ग्रन्थाश्च पञ्चकोश बाह्यस्था भवन्ति । तस्मात्पञ्चकोशानपि " नेति नेतीति " निषिध्यान्वेष्टव्यस्सवात्माशास्त्रेष्वन्वेषणेन कथं ज्ञातुं शक्यते ?। अतश्शास्त्रचर्चा वृथैव ।
अभ्यस्तमखिलं शास्त्रमपि कस्मिंश्चित्कालविशेषे विस्मरणीयतामियादेव ।

（註）प्रयोजनम्　手段、भेदः　違い、उपायतय - उपदेशेन　達成する教え（の手引書）によると、परमं तात्पर्यम्　究極の目標、सिद्धान्त तत्वे (गुरुमुखात्)

अवगते सति　真理を（グルの口から）よく理解できれば、परिश्रमेण　費やすことによって、सुलभो भवति　達成する、स्वेन - ज्ञान - चक्षुषा　自分自身の智慧の眼で、अवगन्तव्यम्　理解すべき、अवभासते　輝いている、शास्त्र ग्रन्थाः च　経典や書籍、बाह्यस्था　外の存在、निषिध्या अन्वेष्टव्यः　近づかせないようにすべき、禁止すべき、शास्त्रेषु अन्वेषणेन 経典の探索によって、वृथा 無意味、अभ्यस्तम् अखिलम्　繰り返し学んできたことすべて、स्मरणीय 忘れるべき、

解説：カタ・ウパニシャッドに、次の詩句がある。

真の自己は、（ヴェーダなどの）書物によっても、理性の力によっても、多くの話を聞いても得られない。真の自己は、その人の（身体の）内側に隠れているものが顕れ出ることだ。（１－２－２３）

それが分かるまで、逆に、何百冊、何千冊と書物や経典を読んでみることだ。そうすると、ある時、ある読者が言われたように、「何処かに真理を探す必要がなくなりました」と、この詩句の意味に気づくことになる。

１８．ムクティ

私という想念が湧いてきた時（バッダ बद्धः）、それは誰かという探求を、常に自分に反映して真理に従って、真の姿を理解し、その状態と共に「在る」ことがムクティ（まったく束縛のない自由な状態）です。（ＫＨ　２８）

बद्धः , अहं क इति विचारेण स्वयथार्थ स्वरूपं विदित्वा तन्निष्ठतैव मुक्तिः ॥

（註）बद्धः　依存すること、विदित्वा　理解して、निष्ठत　その状態に在ること、

解説：ムクティは「解脱」と訳されていることが多いが、誰かによって、または何かによって縛られていた状態が解き放たれたり脱したりしたという意味ではない。サンスクリット語でムムクシュ（मुमुक्षुः）という語があるが、これも同じ動詞語根ムッチュ（√मुच् 自由になる to be free, to liberate）からの派生語で「自由になりたいという欲求」のことである。しかし、イントロダクションで述べられた通り、すべての人々には、至福の状態を源とする愛が存在していて、もともと何の束縛もない自由な状態が本性なので、このことに気づけば、そのままの状態で「在る」ことが即ちムクティなのだ。それを妨げているのは、単に想念＝心＝私の仕業に過ぎない。つまり、私という想念、そのものが束縛（バッダ　बद्धः）なのだ。従って、バッダの意味は束縛というよりも、むしろ私という想念に「依存してしまう」ことである。

参考文献（第1部）

1.कोऽहम्：(original Sanskrit) रमणमहर्षिः

2.मैं कौन हूँ？（“नान् यार ?” का हिन्दी अनुवाद）

3. सद्दर्शनं：(original Tamil) रमणमहर्षिः Sanskrit rendering Kavyakanta Ganapati Muni

4.*SAT – DARSHANA BHASHYA AND TALKS WITH MAHARSHI with FORTY VERSES IN PRAISE OF SRI RAMANA*：By K

5.*Saddarśana*：Swami Tejomayananda

6.*UPADESA SARAM OF SRI RAMANA MAHARSHI*：B.V.Narasimhaswami

7.उपदेश सारः：Visvanatha Swami

8. .उपदेश सारः: स्वामी तेजोमयानंदा（Hindi）

9.*HYMNS To Sri Arunachala and Upadesha Saram*

10.*”I AM is NOW.”*：V. Ganesan

11.*THE COLLECTED WORKS OF RAMANA MAHARSHI*：Edited by Arthur Osborne

12.*The Teaching of Bhagavan SRI RAMANA MAHARSHI in His Own Words*：Edited by Arthur Osborne

13.『ラマナ・マハルシの言葉』ラマナ・マハルシ著　アーサー・オズボーン編　柳田侃訳

14.『私とは誰か？（コーハム कोऽहम्)』研究会資料　真下尊吉 2016

15.『ウパデーシャ・サーラ（उपदेशसारः)』研究会資料　真下尊吉 2016

16.『サット・ダルシャナ（सद्दर्शनं)』研究会資料　真下尊吉 2016

17.『サーンキャとヨーガ』　真下尊吉

第２部

マハルシのギーター・サール

Gītā Sāraḥ

Selected verses from the Bhagavad Gītā

by Srī Ramaṇa Maharṣi

序

マハルシは、ヒンドゥ（インドの人）をはじめ、世界中の人に読まれている「バガヴァッド・ギーター」の精髄として７００詩句から４２詩句を選び、真理に気づく（Awareness）ためのガイダンスとした。

どの章からどの詩句が選ばれているかが非常に重要で、よく吟味しないと、彼の慈愛は感じられないまま終わる。冒頭に第２章詩句１が選ばれていることから、丁度、クリシュナのアルジュナに対する思いやりが、マハルシからわれわれに向けられている。

ギーターの中では、サーンキャ・ダルシャナで使われたプルシャ、プラクリティ、グナなどの言葉や、ヴェーダーンタのダルシャナで使われた、ブラフマン、アートマンなどの言葉も使われる。しかしながら、マハルシは、このアースティカと言われる流れの中にあった人物ではなく、いきなり真理を見た人であり、多くは肯定的にこれらの言葉を使っているが、彼自身のダルシャナは、彼の３作品「コーハム（कोऽहम्）」、「サット・ダルシャナ」、「ウパデーシャ・サーラ」から直接読み取らねばならない。

何といっても、彼の探求の道ヴィチャーラ（विचार）は、ギャーナヨーガ（ज्ञानयोग）である。

なお、詩句後の（2－1）は、「バガヴァッド・ギーター」第２章第１詩句を表す。

悲しみ・苦しみの根源とは

1．クリシュナは、悲しみに打ちひしがれて、落胆し、涙でいっぱいのアルジュナに言葉をかけた。（２－１）

तं तथा कृपयाऽविष्टमश्रुपूर्णाकुलेक्षणम् ।
タム・ターー・クリパ゜ヤーヴ ィシュタマシュルプ゜ールナークレークシャナム
विषीदन्तमिदं वाक्यसमुवाच मधुसूदनः ॥ (२ - १)
ヴ ィシーダ ンタミダ ム・ヴ ァーキャサムヴ ァーチャ・マド ゥスーダ ナハ

（註）तम् 彼に、तथा このように、कृपया 悲しみで、अविष्टम् 与える、अश्रु 涙、पूर्ण ～で満ちた、आकुल しおれた、ईक्षणम् 目、विषीदन्तम् 落胆して、इदम् この、वाक्यम् 言葉、उवाच （彼は）言った、मधुसूदनः クリシュナ、

解説：アルジュナにとっての困惑と恐れ、苦しみは、これから始まろうとしているカウラヴァ、パーンダヴァ両家の戦いであったが、それは、われわれの人生において生じる悲しみや苦しみと同様であり、それがどうして起こるのかといった根本的な原因も同じである。マハルシは、２０万行ともいわれる叙事詩「マハーバーラタ」に含まれる「神の歌」の７００の詩句から４２詩句を「ギーター・サール」として選び、クリシュナがアルジュナに声をかけたのと同じように、われわれに声をかけている。

クシェートラギャとクシェートラ

２．アルジュナよ。この身体は、クシェートラと呼ばれ、それを知る者はクシェートラギャと呼ばれる。この２つを識別する者が賢者である。（１３－１）

इदं शरीरं कौन्तेय क्षेत्रमित्यभिधीयते ।

ｲﾀﾞﾑ･ｼｬﾘｰﾗﾑ･ｶｳｲﾝﾃｰﾔ･ｸｼｪｰﾄﾗﾐｯﾃｨﾔﾋﾞﾃﾞｨｰﾔﾃｰ

एतद्यो वेत्ति तं प्राहुः क्षेत्रज्ञ इति तद्विदः ॥ (१३ - १)

ｴｰﾀﾄﾞｩﾖｫｰ･ｳﾞｪｯﾃｨ･ﾀﾑ･ﾌﾟﾗｰﾌﾌ･ｸｼｪｰﾄﾗｷﾞｬ･ｲﾃｨ･ﾀﾄﾞｩｳﾞｨﾀﾞﾊ

（註）इदम्　これ、शरीरं　身体、कौन्तेय　アルジュナ、क्षेत्रम्　クシェートラ、इति　このように、अभिधीयते　～と言われる、एतद्　これ、यः　～の者、वेत्ति　知る、तम्　彼を、प्राहुः　～と呼ぶ、क्षेत्रज्ञः　クシェートラギャ、इति　～と、तद्विदः　これを知る者たち、

解説：われわれの苦しみ、悲しみの根源的な原因を、マハルシは、クシェートラギャとクシェートラとの混同に起因するものとし、ギーターから、その識別を第１に選んでいる。

　そのクェートラギャ（क्षेत्रज्ञः）とは、サーンキャ・ダルシャナではプルシャ（पुरुष）、クシェートラ（क्षेत्रम्）はプラクリティ（प्रकृति）として説明され、ヴェーダーンタ・ダルシャナでは、ブラフマン（ब्रह्मन्）とマーヤー（माया）として説明されたものである。（拙著『ギーターとブラフマン』１４８頁～１５４頁参照）

　マハルシは、前者を**真の自己（存在）**、後者を**この**

世界、この身体として次句で、そのことから説明を始めている。

3．アルジュナよ。私は、すべてのクシェートラを知る者であり、「クシェートラ」と「クシェートラを知る者」を識別することが、ギャーナ（真の知識）である。（１３－２）

क्षेत्रज्ञं चापि मां विद्धि सर्वक्षेत्रेषु भारत ।
クシェートラギャム・チャーピ・マーン・ヴィディ・サルヴァクシェートレーシュ・バーラタ
क्षेत्रक्षेत्रज्ञयोर्ज्ञानं यत्तज्ज्ञानं मतं मम ॥ (१३ - २)
クシェートラクシェートラギャヨールギャーナム・ヤッタッジギャーナム・マタム・ママ

(註) क्षेत्रज्ञम्　クシェートラを知る者、च　そして、अपि　さらに、माम्　私を、विद्धि　知りなさい、सर्वक्षेत्रेषु　すべてのクシェートラの中の、भारत　アルジュナよ、क्षेत्रक्षेत्रज्ञयोः　クシェートラとクシェートラを知る者の、ज्ञानम्　知ること、यद्　～であるところの、तद्　それを、मतम्　考えられる、मम　私の、

解説：クシェートラギャは、あらゆるものの根源として、すべてのものの創造者であり、実体はないが、エネルギーの素早い動きによって物質という幻影、すなわち、クシェートラをつくる。

従って、第１部の２６頁の図で説明したように、熟眠中に体験できる「本来の自己（存在）」と、目が覚めてから顕れ「私として認識する、この身体」の２つは、まったく別のものである。この混同がすべての苦しみや悲しみの根源となる。

通常の認識は、目が覚めてから顕れるこの世界とその

中に住まう身体として認識される「私」がすべてであって、「本来の自己」などというものが何を意味するのか、想像もつかない。つまり、この世界、この身体は「私」と共に顕れ、すぐに「私のもの」という関係性を生じる。これがラーガ（執着 राग）である。しかしながら、実体は何もない見かけ上の一時的な幻影、クシェートラに過ぎないのである。

４．アルジュナよ。私は、すべての生きもののハートに住まうアートマーである。すべての生きものにとって、私は、始まりであり、そのプロセス、終わりでもある。（１０−２０）

अहमात्मा गुडाकेश सर्वभूताशयस्थितः ।
アハマートマー・グダーケーシャ・サルヴァブーターシャヤスティタハ
अहमादिश्च मध्यं च भूतानामन्त एव च ॥ (१० - २०)
アハマーディシュチャ・マディヤムチャ・ブーターナーマンタ・エーヴァ・チャ

（註）अहम्　私は、आत्मा　パラマートマ、गुडाकेश　アルジュナ、सर्व - भूत - आशय - सस्थितः　すべての生きものの中に住まう、अहम्　私は、आदिस्　始め、मध्यम्　真ん中、プロセス、च　そして、भूतानाम्　生きもの、अन्त　終わり、एव　まさに、च　そして、

解説：インドでは、ヴェーダ、ウパニシャッドを源流とする６つのダルシャナのアースティカという流れにおいて、表現は異なっても、すべて１つの根源の存在を認めてきた。マハルシは、この流れの中にいる人ではないが、SD　３でプラブ（主 प्रभुः Lord）という表現を、この詩句のアートマー（註）

と同じ意味で使っている。「ギーター」は、サーンキャとヴェーダーンタの流れにある経典なので、アートマーを根源とし、それは同時にわれわれのハートにも「真の自己」として住んでいる。

（註）ここでは、パラマートマー（परमात्मा）の意で、アートマン（आत्मन् 原形）、又は、アートマー（आत्मा 主格）も同じであるが、混同を避けるためにパラマートマーをブラフマン（ब्रह्मन् 原形）、又は、ブラフマ（ब्रह्म 主格）、「生きものすべてに住まうもの」や「真の自己」をアートマン（आत्मन् 原形）、アートマー（आत्मा 主格）として以下説明することにする。

次に重要なことは、われわれは、誕生と死を始まり・終わりとして捉えているが、人生は「誕生と死の間」にのみ存在する一時的な、無数のプロセスであるとは気づかない。根源はパラマートマーのみである。

空間とプロセス

５．生まれた者は、必ず死を迎え、死んだ者は、再び生まれる。それはこの肉体にとって不可避の結果であり、嘆くべきではない。（２－２７）

जातस्य हि ध्रुवो मृत्युर्ध्रुवं जन्म मृतस्य च ।
ジャータスヤ・ヒ・ドゥルヴォー・ムリットユルドゥルヴァム・ジャンマ・ムリタスヤ・チャ
तस्मादपरिहार्येऽर्थे न त्वं शोचितुमर्हसि ॥ २ - २७ ॥

ﾀｽﾏｰﾀﾞ ﾊﾟ ﾘﾊｰﾙｲｪﾙﾃｰ・ﾅ・ｯﾄｳﾞ ｧﾑ・ｼｮｰﾁﾄｩﾏﾙﾊｼ

（註）जातस्य　生まれた者の、हि　まさに、ध्रुवः　確実に、मृत्युः　死、ध्रुवम्　確実、जन्म　生まれた者、मृतस्य　死んだ者、च　～も、तस्मात्　従って、अपरिहार्ये　不可避の、अर्थे　必然の結果、न　～でない、त्वम् お前、शोचितुम्　悲しみ嘆く、अर्हसि　～すべきでない、

解説：OSHO Rajneesh は、この世界を「純粋な空間」と言い、「何百万というプロセスの中を流れているものが生である」という非常に適確な表現をしている。(Just a pure space, in which millions of processes exist, in which life flows with its processes.）プロセスというのは、クシャナ（刹那）として表現される瞬間、瞬間のことであるが、例えば、１分を、６０秒として計算すると１時間は６０×６０＝３，６００、１日は３，６００×２４＝８６，４００という数になる。実際のクシャナは、これよりももっと短い瞬間になるので数はもっと多くなるが、人は生まれてから、身体を失う時までこのクシャナを無数のプロセスとして経過する。一見すると連続しているように見えるが、このプロセスは瞬間、瞬間であって連続ではない。つまり、生と死は、クシェートラ（この目に見える身体）が、この空間の中でプロセスとして顕れたり消えたりしているものに過ぎないので、見えなくなったからといって嘆く必要はないのである。

６．アートマンは、ある時生まれ、しばらく存在し、ある時死ぬというものではない。常に存在し永遠のものである。肉体は殺され滅びても、アートマンは永遠に死ぬことはない。（２－２０）

न जायते म्रियते वा कदाचिन्नायं भूत्वा भविता वा न भूयः ।

ナ・ジャーヤテー・ムリヤテー・ヴァー・カダーチンナーヤム・ブーットヴァー・ヴァー・ナ・ブーヤハ

अजो नित्यः शाश्वतोऽयं पुराणो न हन्यते हन्यमने शरीरे ॥ २ - २० ॥

アジョーニティヤハ・シャーシュヴァトーヤム・プラーノー・ナ・ハンニャテー・ハンニャマネー・シャリーレー

（註）न　～でない、जायते　生まれる、म्रियते　死ぬ、वा　～も、कदाचित्　常に、अयम्　この、भूत्वा　存在し、भविता　存在し続ける、वा　また、न भूयः　再び、अजस्　生まれない、नित्यः　永遠、शाश्वतः　永続する、पुराणः　から在る、न　～でない、हन्यते　殺される、हन्यमने　滅びても、शरीरे　肉体、

解説：拙著『ギーターとブラフマン』の５５頁に書いたように、カタ・ウパニシャッドの詩句（１－２－１８）がそのまま「ギーター」に引用されたものである。通常、引用元などは示されない。クシェートラギャ、つまり、パラマートマーは、根源であるから不滅の存在であって、常に存在している。

７．アートマンは、壊れることも、燃え尽きてしまうこともない。また、溶けてしまうことも、干からびてしまうこともない。永遠で、すべてに鎮座し、不変で不動の存在である。（２－２４）

अच्छेद्योऽयमदाह्योऽयमक्लेद्योऽशोष्य एव च ।

アッチェードゥヨー・ヤマラダーヒョーヤマクレードゥヨーショーシャ・エーヴァ・チャ

नित्यः सर्वगतः स्थाणुरचलोऽयं सनातनः ॥ २ - २४ ॥

ニットヤハ・サルヴァガタハ・スターヌラチャローヤム・サナータナハ

（註）अच्छेद्यः　突いて壊れることがない、अयम्　これ、अदाह्यः　燃えることが

ない、अक्लेद्यः　水に溶けることがない、अशोष्यः　乾き干からびることがない、एव च　さらに〜も、नित्यः　永遠の、सर्वगतः　すべてに存在する、स्थाणु 不変の、अचलः　不動の、सनातनः　永遠の、元から在る、

解説：ここでは、アートマンという言葉は、「本来の自己」として、われわれ「一人一人の存在する根源」という意味で使われている。すべてのものの根源をクシェートラギャ、パラマートマー、ブラフマンという言葉の何れかで表現すれば、われわれはプロセスとして一時的に身体を持った存在としてこの世に顕れる。その時、例えば、すべてのものの根源のブラフマンから、この世の存在の根源として「アートマン」を借り受ける。これが「ブラフマンと共に在るアートマン」としての「本来の自己」である。従って、身体を失うときには、ブラフマンに返却する。従って、ブラフマンは、減りも増えもしない（不生不滅）。前詩句で、

肉体は殺され滅びても、アートマンは永遠に死ぬことはない。

と表現されたのは、そのためである。

８．この顕れた宇宙全体を形作っているものは不滅である。この不滅で永遠のものは、だれも破壊することは出来ない。（２−１７）

अविनाशि तु तद्विद्धि येन सर्वमिदं ततम् ।

ｱｳﾞｨﾅｰｼ･ﾄｩ･ﾀｯﾄﾞｩｳﾞｨｯﾃﾞｨ･ｲｪｰﾅ･ｻﾙｳﾞｧﾐﾀﾞﾑ･ﾀﾀﾑ

विनाशमव्ययस्यास्य न कश्चित्कर्तुमर्हति ॥२-२७॥

ｳﾞｨﾅｰｼｬﾏｳﾞｨﾔﾔｽﾔｰｽﾔ･ﾅ･ｶｼｭﾁｯﾄｶﾙﾄｩﾏﾙﾊﾃｨ

（註）अविनाशि　不滅の、तु　まさに、तद्　これを、विद्धि　知りなさい、येन　それによって、सर्वम् इदम् この宇宙全体を、ततम्　顕れた、विनाशम्　破壊する、अव्ययस्य　不滅で永遠の、अस्य　この、न कश्चिद्　誰も～ない、कर्तुम्　成し遂げる、अर्हति　～出来る、能力のある、

解説：ここでも、この宇宙を形作る根源としてのクシェートラギャ、即ち、ブラフマンは壊れず不滅で永遠のの存在であることが説明されている。

根源とマーヤー

9.「存在しないもの」の存在はあり得ず、「存在しているもの」の不存在もあり得ない。真理を知る者は、この２つの究極の事実をよく理解している。（２－１６）

नासतो विद्यते भावो नाभावो विद्यते सतः ।

ﾅｰｻﾄｰ･ｳﾞｨﾄﾞｩﾔﾃｰ･ﾊﾞｰｳﾞｫｰ･ﾅｰﾊﾞｰｳﾞｫｰ･ｳﾞｨﾄﾞｩﾔﾃｰ･ｻﾀﾊ

उभयोरपि दृष्टोऽन्तस्त्वनयोस्तत्त्वदर्शिभिः ॥२-१६॥

ｳﾊﾞﾖｰﾗﾋﾟ･ﾄﾞｩﾘｼｭﾄｰﾝﾀｽｯﾂｳﾞｧﾅﾖｰｽﾀｯﾄｳﾞｧﾀﾞﾙｼﾋﾞﾋ

（註）न　ない、असतः　存在しないもの、विद्यते　在る、भाव　存在、न　ない、अभाव　存在しない、विद्यते　在る、सतः　存在しているのものの、उभयोः अपि　両方の、दृष्टः　見た、अन्तः　究極のもの、तु　まさに、अनयोः　この２つ、तत्त्व　真理、दर्शिभिः　観察者によって、

解説：すべてのものの根源としてクシェートラギャ、ブラフマンの存在を信じるアースティカにとって、「存在している唯一の根源」の**不存在**はあり得ず、また、「存在しないもの」の**存在**は、一時的な**マーヤー（幻覚）**であって、あり得ない。従って、クシェートラギャとクシェートラの識別が出来る者が「真理を知る者」と言われる。

浄（pure）の意味

１０．すべてのものを顕わし展開するこの空間が汚されていないように、微細で、この身体の中すべてに充満するアートマーも決して汚されることはない。（１３－３２）

यथा सर्वगतं सौक्ष्म्यादाकाशं नोपलिप्यते ।

ﾔﾀｰ･ｻﾙｳﾞｧｶﾞﾀﾑ･ｻｳｸｼｭﾐｬｰﾀﾞｰｶｰｼｬﾑ･ﾉｰﾊﾟﾘﾋﾟｬﾃｰ

सर्वत्रावस्थितो देहे तथाऽऽत्मा नोपलिप्यते ॥ १३ - ३२ ॥

ｻﾙｳﾞｧｯﾄﾗｰｽﾃｨﾄｰ･ﾃﾞｰﾍｰ･ﾀﾀｰﾄﾏｰ･ﾉｰﾊﾟﾘﾋﾟｬﾃｰ

（註）यथा　～のように、सर्वगतं　すべて顕れたものは、सौक्ष्म्यात्　微細な、आकाशम्　空間は、ना ～でない、उपलिप्यते　汚れていない、सर्वत्र　どこも、अवस्थित　留まる、देहे　身体の中に、तथा　このように、同じ様に、आत्मा　アートマン、न　～でない、उपलिप्यते　汚される、

解説：空間は、「タイティーリヤ・ウパニシャッド」の詩句（２－７）や「ブラフマ・スートラ」の詩句（１―１－２）において、「**ブラフマンのことであり、それを特徴付ける名前**

である」と述べられて**浄**（pure）。一方、私という想念（心）によって出現する一時的に映し出されるマーヤー（幻想）のクシェートラは、この世界、身体といった姿・形あるものとして出現するので**不浄**（impure）と表現される。しかし、決して汚されることのない、アートマンは、「本来の自己」として存在している、というのがギーターの主張である。マハルシは、浄・不浄といった言葉は一切使わないが、私という想念（心）によって出現する一時的に映し出されるマーヤー（幻想）を同じように問題にしている。

アクシャラ・ブラフマン

１１．私の最高の住まい、そこでは太陽も月も火も、輝かない。
そこに到達すると、もはや戻ることはない。（１５−６）

न तद्भासयते सूर्यो न शशाङ्को न पावकः ।
ﾅ･ﾀｯﾄﾞﾊﾞｰｻﾔﾃｰ･ｽｰﾙﾖｰ･ﾅ･ｼｬｼｬｰﾝｺｰ･ﾅ･ﾊﾟｰｳﾞｧｶﾊ
यद्गत्वा न निवर्तन्ते तद्धाम परमं मम ॥१५-६॥
ﾔｯﾄﾞｩｶﾞｯﾄｳﾞｧｰ･ﾅ･ﾆｳﾞｧﾙﾀﾝﾃｰ･ﾀｯﾀﾞｰﾏ･ﾊﾟﾗﾏﾑ･ﾏﾏ

（註）न　～でない、तद्　あの、भासयते　輝く、सूर्यः　太陽、न　～でない、शशाङ्कः 月、न　～でない、पावकः　火、यद्　～であるところへ、गत्वा　行って、न　～でない、निवर्तन्ते　戻る、तद्　その、धाम　住まい、परमम्　最高の、मम　私の、

解説：この最高の住まい（クシェートラギャ）とは、クシェートラとして顕れた姿の宇宙ではないので、太陽も月も火も輝

かない、と表現しているのである。

１２．目には見えず永遠の至高の存在がアクシャラ・ブラフマンと呼ばれる私の最高の住み処。そこに到達した者は再び戻ることはない。（８－２１）

अव्यक्तोऽक्षर इत्युक्तस्तमाहुः परमां गतिम् ।
ｱｳﾞｨﾔｸｰﾄｰｸｼｬﾗ・ｲｯﾃｨﾕｸﾀｽﾀﾏｰﾌﾌ・ﾊﾟﾗﾏｰﾝ・ｶﾞﾃｨﾑ
यं प्राप्य न निवर्तन्ते तद्धाम परमं मम ॥ (८-२१)
ﾔﾑ・ﾌﾟﾗｰﾋﾟｬ・ﾅ・ﾆｳﾞｧﾙﾀﾝﾃｰ・ﾀｯﾀﾞｰﾏ・ﾊﾟﾗﾏﾑ・ﾏﾏ

（註）अव्यक्तः　目には見えない、अक्षर　不滅の、इति　このように、उक्तः　呼ばれる、तम्　あの、आहुः　～と言う、परमाम्　至高の、गतिम्　ゴール、यम्　～であるところの、प्राप्य　到達した、न　～でない、निवर्तन्ते　戻る、तत्　あの、दाम　住み処、परमम्　最高の、मम　私の、

解説：この１１．１２．の２つの詩句は、永遠・至高の存在であるアクシャラ・ブラフマン、クシェートラギャのことを述べている。「アクシャラ（अक्षर）」とは不滅の意である。私たちの中に住まう「本来の自己」も同じであるという気づきが生まれた時は、ギャーナ・ヨーガが達成された時である。

１３．思い上がりや妄想がなく、執着という悪魔を克服し、常に本来の自己の中に住み、欲望には背を向け、幸不幸といった両極端に走って惑わされることもない者は、永遠の目的地に到達する。（１５－５）

निर्मानमोहा जितसङ्गदोषा अध्यात्मनित्या विनिवृत्तकामाः ।

ﾆﾙﾏｰﾅﾓｰﾊｰ･ｼﾞﾀｻﾝｶﾞﾄﾞｰｼｬｰ･ｱﾄﾞｩﾔｰﾄﾏﾆｯﾄｬｰ･ｳﾞｨﾆｳﾞﾘｯﾀｶｰﾏｰﾊ

द्वन्द्वैर्विमुक्ताः सुखदुःखसंज्ञैर्गच्छन्त्य

ﾄﾞｩｳﾞｧﾝﾄﾞｩｳﾞｧｲﾙﾑｸﾀｰﾊ･ｽｶﾄﾞｩﾌｶｻﾝｷﾞｬｲﾙｶﾞﾁｬﾝﾄﾆｬ

- मूढाः पदमव्ययं तत् ॥ १५ - ६ ॥

ﾑｰﾀﾞｰﾊ･ﾊﾟﾀﾞﾏｳﾞｨﾔﾔﾑ･ﾀｯﾄ

（註）निर्मान मोहा　妄想のない、जितसङ्गदोषा　執着という悪魔を克服した、अध्यात्म नित्या　常に至高の自己の中に、विनिवृत्त कामाः　欲望には背を向けた、द्वन्द्वै　互いに反対の、विमुक्ताः　～から自由の、सुखदुःख संज्ञैः　幸・不幸、गच्छन्ति　行く、अमूढाः　惑わされない、पदम्　場所、अव्ययम्　壊れない永遠の、तद्　それ、

解説：執着は、サンスクリット語でラーガ（राग）であり、反対がヴィラーガ（विराग）、又は、ヴァイラーギャ（वैराग्य）である。この意味は、心の動き（想念）がなくなり、静寂さが継続して、心や想念のつくり出す幻影（悪魔）に惑わされて、激しい欲求や欲望が生じないことである。この状態になれば、極端から極端に走ることなく、常に真の自己の中に留まっている。

教典

１４．教典の指示に従わず、一時的な感情に走って行動する者は、道を達成できず、最高の幸福も得られない。（１６－２３）

यः शास्त्रविधिमुत्सृज्य वर्तते कामकारतः ।

ヤハ・シャーストラヴ ィデ ィムッスリジ ャ・ヴ ァルタテー・カーマカーラタハ

न स सिद्धिमवाप्नोति न सुखं न परां गतिम् ॥ १६ - २३ ॥

ナ・サ・シッデ ィマヴ ァープ ノーティ・ナ・スッカム・ナ・パ ラーム・ガ ティム

（註）यः　～であるところの者は、शास्त्रविधिम्　教典の指示、उत्सृज्य　背を向ける、वर्तते　気持ちが傾く、कामकारतः　感情に従って、न　出来ない、स　彼は、सिद्धिम्　完遂する、अवाप्नोति　達成する、न　出来ない、सुखम्　幸福、न　出来ない、परां　幸福、गतिम्　道、

解説：サマーディの状態は、沈黙（静寂）の状態である。教典は、このような状態にあったリシによって観察された真理が何千年にもわたって述べられてきたものである。それを理解した人のみが道を達成できる。誰でもが達成出来るとは言っていないところが重要で、この気づきに基づいた理解が生まれない限り無理であると、はっきり述べている。

１５．アルジュナよ。生まれ顕れ出るものは、動くものでも、動かぬものでも、クシェートラとクシェートラギャのふれ合いがあってこそのことである。（１３－２６）

यावत्सञ्जायते किञ्चित्सत्त्वं स्थावरजङ्गमम् ।

ヤーヴ ァッツサンジ ャーヤテ・キムチッサットウ゛ ァム・スターヴ ァラジ ャンガ マム

क्षेत्रक्षेत्रज्ञसंयोगात्तद्विद्धि भरतर्षभ ॥ १३ - २६ ॥

クシェートラクシェートラギ ャサンヨーガ ーッタド ゥヴ ィッデ ィ・バ ラタルシャバ

（註）यावत्　いかなるものであれ、संजायते　生まれる、किंचिद्　何であれ、सत्त्वम्　存在するもの、स्थावरजङ्गमम्　動くものも動かぬものも、

क्षेत्रक्षेत्रज्ञसंयोगात्　クシェートラ、クシェートラギャのふれ合い、तद्　それを、विद्धि　～を知れ、भरतर्षभ　アルジュナよ。

解説：クシェートラ・クシェートラギャ・サンヨーガート（क्षेत्रक्षेत्रज्ञसंयोगात्）は、「結合」の意味ではない。両者は全く別の存在であることは、２と３で混同しないようにとわざわざ述べられた。しかし、両者の間には密接な関係があって、根源としてのクシェートラギャ（プルシャ、アートマン）がなければ、われわれの存在もない。両者の間には密接なコミュニケーションやふれ合いが存在する。

シュラッダー（信頼）

１６．アルジュナよ。私へのひたむきな、一途な深い愛情・献身によって、真の私を知り、見ることが出来、その中へと入ってくることが出来るのだ。（１１－５４）

भक्त्या त्वनन्यया शक्य महमेवंविधोऽर्जुन ।
バクトヤー・トゥヴァナンニャヤー・シャキャ・マハメーヴァムヴィドールジュナ
ज्ञातुं द्रष्टुं च तत्त्वेन प्रवेष्टुं च परंतप ॥ （११ - ५४）
ギャートゥム・ドラシュトゥム・チャ・タットヴェーナ・プラヴェーシュトゥム・チャ・パラムタパ

（註）भक्त्या　深い愛情によって、तु　しかし、अनन्यया　一途な、शक्य　私は～出来る、अहम्　私は、एवंविधः　このように、अर्जुन　アルジュナよ、ज्ञातुम्　知ること、द्रष्टुम्　見ること、च　～も、तत्त्वेन　真に、प्रवेष्टुम्　入ること、च　～も、परंतप　アルジュナよ、

解説：献身は、信頼に基づくもので、それによって**気づき**が生まれ、クシェートラギャを知ることが出来る。

１７．人それぞれの信頼は、各自の（３グナの優位性に基づく）性向による。信頼の中に人はあり、人の信頼とは、人そのものである。（１７－３）

सत्त्वानुरूपा सर्वस्य श्रद्धा भवति भारत ।

ｻｯﾄｳﾞｧｰﾇﾙｰﾊﾟｰ･ｻﾙｳﾞｧｽﾔ･ｼｭﾗｯﾀﾞｰ･ﾊﾞｳﾞｧﾃｨ･ﾊﾞｰﾗﾀ

श्रद्धामयोऽयं पुरुषो यो यच्छ्रद्धः स एव सः ॥ (१७ - ३)

ｼｭﾗｯﾀﾞｰﾏﾖｰﾔﾑ･ﾌﾟﾙｼｮｰ･ﾖｰ･ﾔｯﾁｬﾗｯﾀﾞｰﾊ･ｻ･ｴｰｳﾞｧ･ｻﾊ

（註）सत्त्वानुरूपा　性向による、सर्वस्य　各自の、श्रद्धा　信頼、भवति　～である、भारत　アルジュナよ、श्रद्धामयः　信頼による、अयम्　この、पुरुषः　人、यः　～であるところの人、यद्　श्रद्धः　信頼とは、सः　彼、एव　まさに、そのもの、सः　彼、

解説：人と人との間でも、シュラッダー（信頼 श्रद्धः）ほど大切なものはない。羨望は、嫉妬を生み、一言の囁き（これもその人の思い込みと想念に由来する）が、心の平和を破って友情を一気に崩壊させる。シェークスピアの戯曲で、オテロとデズデーモナの間を裂くため画策したイヤーゴのような人物は、いつの世にも必ず存在する。しかし、人の信頼そのものを形成するものも３グナであって、われわれは、その影響をまぬがれないので、毎日摂取する食べ物がどれほど大きな影響をもたらしているかに気づく人は非常に少

ない。拙著『ギーターとブラフマン』の１７７頁～１８０頁第１７章の解説を参照いただきたい。

ブッディ・ヨーガ

１８．（知りうる真理に）絶対的な信頼を寄せ、感覚器官を鎮めている人は気づきが得られ、やがて平和な状態に到達する。

（４－３９）

श्रद्धावांल्लभते ज्ञानं तत्परः संयतेन्द्रियः ।

ｼｭﾗｯﾀﾞｰｳﾞｧｰﾝ・ﾗﾊﾞﾃｰ・ｷﾞｬｰﾅﾑ・ﾀｯﾊﾟﾗﾊ・ｻﾝﾔﾃｰﾝﾄﾞｩﾘﾔﾊ

ज्ञानं लब्ध्वा परां शान्तिमचिरेणाधिगच्छति ॥ १६ - २३ ॥

ｷﾞｬｰﾅﾑ・ﾗﾌﾞｯﾄﾞｩｳﾞｧｰ・ﾊﾟﾗｰﾑ・ｼｬｰﾝﾃｨﾏﾁﾚｰﾅｰﾃﾞｨｶﾞｯﾁｬﾃｨ

（註）श्रद्धावान्　信頼に満ちた、लभते　得られる、ज्ञानम्　知識を、तत्परः　献身して、संयतेन्द्रियः　感覚器官を鎮めて、लब्ध्वा　達成して、पराम्　最高の、शान्तिम्　平和、静寂、अचिरेण　まもなく、अधिगच्छति　出会う、達する、

解説：ギャーナ・ヨーガの道を歩く人は、気づくべき真理に絶対的な信頼を置いている。心と感覚器官が外へと向かうことはない（ヴィラーガ、又は、ヴァイラーギャ）。

１９．常に私と共にあり、私を敬愛する人々に、私はブッディ・ヨーガを授ける。それによって、彼らは私のもとに来ることが出来るからだ。（１０－１０）

तेषां सततयुक्तानां भजतां प्रीतिपूर्वकम् ।

テーシャーム・サタタユクターナーム・バジャターム・プリーティプールヴァカム

ददामि बुद्धियोगं तं येन मामुपयान्ति ते ॥ (१० - १०)

ダダーミ・ブッディヨーガム・タム・イエーナ・マームパヤーンティ・テー

(註) तेषा　彼らに、सतत - युक्तानाम्　常に共にある、भजताम्　敬愛する、प्रीतिपूर्वकम्　敬愛、ददामि　与える、बुद्धियोगम्　ブッディヨーガ、तम्　これを、येन　それによって、माम्　私に、उपयान्ति　来る、ते　彼らは、

解説：ブッディ・ヨーガは、ギャーナ・ヨーガと同じ意味で、「私とは誰か」という想念の出所を常に探求すれば、必ず、その根源に辿り着けることを保証する。

２０．私を敬愛する人々に対する思いやりのため、彼らのハートに宿り、気づきのなさから生まれる闇を知識の灯りによって打ち砕く。（１０－１１）

तेषामेवानुकम्पार्थमहमज्ञानजं तमः ।

テーシャーメーヴァーヌカムパールタマハマギャーナジャム・タマハ

नाशयाम्यात्मभावस्थो ज्ञानदीपेन भास्वता ॥ (१० - ११)

ナーシャヤーミヤートマバーヴァストー・ギャーナディーペーナ・バースワター

(註) तेषाम्　彼らの、एव　まさに、अनुकम्पा - अर्थम्　思いやりのため、अहम्　私は、अज्ञानजम्　気づきのなさが生まれる、तमः　暗闇、नाशयामि　打ち砕く、आत्मभावस्थः　ハートに宿る、ज्ञानदीपेन　知識の灯火、भास्वता　輝き、

解説：その探求を続ければ、結局、私のハートにも宿っていたのだ、という気づきが得られる。

21．真の理解によって、気づきが得られたなら、まるで太陽のように至高の存在は輝き出す。（5－16）

ज्ञानेन तु तदज्ञानं येषां नाशितमात्मनः ।
ギャーネーナ・トゥ・タダギャーナム・イェーシャーム・ナーシタマーッマナハ
तेषामादित्यवज्ज्ञानं प्रकाशयति तत्परम् ॥ ५ - १६ ॥
テーシャーマーディッヤヴァッギャーナム・プラカーシャヤティ・タッパラム

（註）ज्ञानेन　理解によって、तु　しかし、तद्　この、अज्ञानम्　無知は、येषाम्　彼らの、नाशितम्　壊される、आत्मनः　本来の自己の、तेषाम्　彼らの、आदित्यवत् 太陽のような、ज्ञानम्　知識、प्रकाशयति　輝かせる、तद्　その、परम्　至高の存在、

解説：そうなれば、一人一人が、まるで太陽のように輝く存在に変身し、やがて周りの人に、その光は波及し、その人も輝き始める。

22．心は感覚器官より上位にあり、心より上位にあるのがブッディである。ブッディよりも上の最高位はプルシャ、即ち、アートマーである。（3－42）

इन्द्रियाणि पराण्याहुरिन्द्रियेभ्यः परं मनः ।
インドゥリヤーニ・パラーンニャーフリンドゥリイェービヤハ・パラム・マナハ
मनसस्तु परा बुद्धिर्यो बुद्धेः परतस्तु सः ॥ ३ - ४२ ॥
マナサストゥ・パラー・ブッディルヨー・ブッデェヘ・パラタストゥ・サハ

（註）इन्द्रियाणि　感覚器官、पराणि　上位、आहुः　～と言う、इन्द्रियेभ्यः　感覚器官よりも、परम्　～より上位、मनः　心は、मनसः　心より、तु　しかし、परा　自～より上、बुद्धिरः　ブッディ、यः　～であるところのもの、बुद्धेः　ブッディより、परतः　より高い位置、तु　しかし、सः　それは、

解説：サーンキャの説明にあった通りである。（拙著『サーンキャとヨーガ』２８頁～３１頁参照）「私たちはどこから来たのか？」この問いに、私たちは、順に上位の存在に気がついていく。

２３．アルジュナよ。知性よりも上位にある彼の存在を知り、本来の自己によって自分自身を鎮め、欲望の形の難敵を滅ぼせ。
（３－４３）

एवं बुद्धेः परं बुद्ध्वा संस्तभ्यात्मानमात्मना ।
ｴｰｳﾞｧﾑ･ﾌﾞｯﾃﾞｪﾍ･ﾊﾟﾗﾑ･ﾌﾞｯﾀﾞｰ・ｻﾝｽﾀﾋﾞｬｰﾄﾏｰﾅﾏｰﾄﾏﾅｰ
जहि शत्रुं महाबाहो कामरूपं दुरासदम् ॥३-४३॥
ｼﾞｬﾋ･ｼｬﾄｩﾙﾑ･ﾏﾊｰｼｬｰﾎｰ･ｶｰﾏﾙｰﾊﾟﾑ･ﾄﾞｩﾗｰｻﾀﾞｰﾑ

（註）एवम्　かくして、बुद्धेः　知性より、परम्　上位の、बुद्ध्वा 分かると、संस्तभ्य　鎮まって、आत्मानम्　自分自身を、आत्मना　本来の自己によって、जहि　殺せ、शत्रुम् 敵を、महाबाहो　アルジュナよ、कामरूपम्　欲望の形の、दुरासदम्　直面する、

解説：名前が異なっても、パラマートマーも、ブラフマンも最上位にある根源だと気づいたとき、欲望は消えてなくなる。

24．燃え狂った火が木々を焼き尽くし灰にするように、知識の火は、すべての行為を灰に期す。（4－37）

यथैधांसि समिद्धोऽग्निर्भस्मसात्कुरुतेऽर्जुन ।

ヤタイダーンシ・サミッドーグニルバスマーサーックルテルジュナ

ज्ञानाग्निः सर्वकर्माणि भस्मसात्कुरुते तथा ॥४-३७॥

ギャーナーグニヒ・サルヴァカルマーニ・バスマサーックルテー・タター

（註）यथा　～のように、एधांसि　たきぎ、समिद्धः　燃やす、अग्निः　火、भस्मसात् कुरुते　灰になる、अर्जुन　アルジュナよ、ज्ञानाग्निः　知識の火は、सर्व　すべての、कर्माणि　行為、भस्मसात्　灰に、कुरुते　～になる、तथा　このように、

解説：気づきが深まってくると、あらゆる幻影は燃え尽きて姿を消す。

パンディタ

25．すべての行いを自己の欲望なく行う人は、知識の火によって利己的な行為を焼き尽くす。賢者たちでも、彼のことをパンディタと呼ぶ。（4－19）

यस्य सर्वे समारम्भाः कामसङ्कल्पवर्जिताः ।

ヤスヤ・サルヴェー・サマーラムバーハ・カーマサンカルパヴァルジターハ

ज्ञानाग्निदग्धकर्माणं तमाहुः पण्डितं बुधाः ॥४-१९॥

ギャーナーグニダグダカルマーナム・タマーフフ・パンディタム・ブッダーハ

（註）यस्य　～であるところの者の、सर्वे　すべては、समारम्भाः　目的、

कामसंकल्पवर्जिताः　欲望を閉め出す、ज्ञानाग्निदग्धकर्माणम्　行為を知識の火で燃やしてしまう、तम्　それを、आहुः　～と言う、पण्डितम्　パンデタ、बुधाः　賢者達、

解説：パンディタ（पण्डित）とは、「気づいた人」、「理解した人」の意である。「気づき」については、１７頁～１８頁参照。

ニルヴァーナ

２６．ブラフマ・ニルヴァーナとは、欲望や怒りがなく、心静かで本来の自己を知ることである。（５－２６）

कामक्रोधविमुक्तानां , यतीनां यतचेतसाम् ।
ｶｰﾏｸﾛｰﾀﾞｳﾞｨﾑｸﾀｰﾅｰﾑ・ﾔﾃｨｰﾅｰﾑ・ﾔﾀﾁｪｰﾀｻｰﾑ
अभितो ब्रह्मनिर्वाणं वर्तते विदितात्मनाम् ॥ ५ - २६ ॥
ｱﾋﾞﾄｰ・ﾌﾞﾗﾌﾏﾆﾙｳﾞｧｰﾅﾑ・ｳﾞｧﾙﾀﾃｰ・ｳﾞｨﾃﾞｨﾀｰｯﾄﾏﾅｰﾑ

（註）कामक्रोधविमुक्तानाम्　欲望や怒りのない、यतीनाम्　修道者、यतचेतसाम्　心が静か、अभितः　近い、ब्रह्मनिर्वाणम्　ブラフマニルヴァーナ、वर्तते　～の中にいる、विदितात्मनाम्　本来の自己を知る者、

解説：ニルヴァーナという言葉は、ブッダが初めて使った言葉ではなく、もっと以前から広くインドでは使われてきた言葉であって、この詩句の「欲望や怒りがなく、心静かで本来の自己に気づく」意味である。

２７．知性によって次第に心が鎮まると、本来の自己の中に留まっ

て、やがて想念はなくなる（６－２５）

शनैः शनैरुपरमेद् बुद्ध्या धृतिगृहीतया

ｼｬﾅｲﾋ・ｼｬﾅｲﾙﾊﾟﾗﾒｰｼｭﾄｩﾄﾞｩﾔｰ・ﾄﾞｩﾙﾃｨｸﾞﾘﾋｰﾀﾔｰ

आत्मसंस्थं मनः कृत्वा न किञ्चिदपिचिन्तयेत् ॥५-२६॥

ｱｰﾄﾏｻﾝｽﾀﾑ・ﾏﾅﾊｸﾘｯﾄｳﾞｧｰ・ﾅ・ｷﾑﾁﾀﾞﾋﾟﾁﾝﾀｲｪｰｯﾄ

（註）शनैः शनैः　次第に、　उपरमेत्　鎮まる、बुद्ध्या　知性と共に、धृति गृहीतया　しっかりと掴む、आत्मसंस्थम्　本来の自己に留まる、मनः　心、कृत्वा　～させて、न　～しない、किंचिद् अपि　少しも、चिन्तयेत्　考えること、想念

解説：パタンジャリの「ヨーガスートラ」をはじめ、経典に何度も出てくるスター（√स्था）というサンスクリット語の動詞語源は、「留まる」という意味で、安定した状態を指す。この詩句のように、サンスタム（संस्थम्）とか、スティラ（स्थिर)、スティタ（स्थित）などに変化して出てくる。いずれも、ある状態に、そのまま留まった安定した状態を指す。

２８．心は、不安定であちこち常に動き回る。それを鎮め、真の自己の中に留め置かなければならない。（６－２６）

यतो यतो निश्चरति मनश्चञ्चलमस्थिरम् ।

ﾔﾄｰ・ﾔﾄｰ・ﾆｼｭﾁｬﾗﾃｨ・ﾏﾅｼｭﾁｬﾝﾁｬﾗﾏｽﾃｨﾗﾑ

ततस्ततो नियम्यैतदात्मन्येव वशं नयेत् ॥५-२६॥

ﾀﾀｽﾀﾄｰ・ﾆﾔﾐｬｲﾀﾀﾞｰﾄﾏﾝﾆｴｰｳﾞｧ・ｳﾞｧｼｬﾑ・ﾅｲｪｰｯ

（註）यतो यतो　いついかなる時も、निश्चलति　彷徨う、मनः　心は、चञ्चलम्　動き回る、अस्थिरम्　不安定な、ततस्ततः　従って、नियम्य　鎮める、एतद्

これ、आत्मनि　本来の自己の中に、वशम्　食い止める、नयेत्　導く、

解説：「ヨーガスートラ」に出てくるチッタ（चित्त）という言葉は、（心になる前の）方向性を持った無数の原子の粒のようなもので、高速で飛び回る。従って、１つのチッタを別のチッタでおさめることは出来ない。あくまで、呼吸を観察してイキの止まるところに気づくより方法はない。詳しくは、拙著『サンスクリット原典から学ぶ般若心経入門』のアーナーパーナサティ、『ブッダの言葉とタントラの呼吸法』で詳述したので参照いただきたい。

２９．高い見地の賢者は、感覚器官、心、知性が鎮まり、欲望、恐れ、怒りが消えて縛られずに、常に自由である。（５－２８）

यतेन्द्रियमनोबुद्धिर्मुनिर्मोक्षपरायणः ।

ﾔﾃｰﾝﾄﾞｩﾘﾔﾏﾉｰﾌﾞｯﾃﾞｨﾙﾑﾆﾙﾏｰｸｼｬﾊﾟﾗｰﾔﾅﾊ

विगतेच्छाभयक्रोधो यः सदा मुक्त एव सः ॥ ५ - २८ ॥

ｳﾞｨｶﾞﾃｰｯﾁｬｰﾊﾞﾔｸﾛｰﾄﾞｰ・ﾔﾊ・ｻﾀﾞｰ・ﾑｸﾀ・ｴｰｳﾞｧ・ｻﾊ

（註）यतेन्द्रियमनोबुद्धिः　感覚器官、心、知性が鎮まり、मुनिः　賢者は、मोक्षपरायणः　高い見地によって解放され、विगतेच्छाभयक्रोधः　欲望、恐れ、怒りが消えて、यः　～であるところの者は、सदा　常に、मुक्त　自由で、एव　正に、सः　彼は、

解説：詩句２８．が達成されれば、欲望、恐れ、怒りは自然に消える。

ヨーギー

３０．すべての生き物の中にブラフマンが見え、ブラフマンの中にあらゆる生き物が見える人は、ヨーギーであり、ブラフマンと共にある。彼の目には、一つのものしか見えない。（６－２９）

सर्वभूतस्थमात्मानं सर्वभूतानि चात्मानि ॥
ｻﾙｳﾞｧﾌﾞｰﾀｽﾀﾏｰﾄﾏｰﾅﾑ・ｻﾙｳﾞｧﾌﾞｰﾀｰﾆ・ﾁｬｰﾄﾏｰﾆ
ईक्षते योगयुक्तात्मा सर्वत्र समदर्शनः ॥ (६ - २९)
ｲｰｸｼｬﾃｰ・ﾖｰｶﾞﾕｸﾀｰﾄﾏｰ・ｻﾙｳﾞｧｯﾄﾗ・ｻﾏﾀﾞﾙｼｬﾅﾊ

（註）सर्वभूतस्थम्　すべての生き物の中に、आत्मानम्　本来の自己、सर्वभूतानि　すべての生き物を、च　また、आत्मानि　本来の自己の中に、ईक्षते　見る、योगयुक्त　ヨーガの状態に、आत्मा　本来の自己、सर्वत्र　あらゆるところに、समदर्शनः　同じもの、

解説:ブラフマンと「真の自己」は、７．で解説したとおり同じものであるという理解に至れば、すべての生きものの中にブラフマンが見え、ブラフマンの中にあらゆる生きものが見える。

バクティヨーガ

３１．ただひたすら、心静かに私のことを想い献身する者を必ず保護する。（あなた方に）まだ、保持しないものを提供し、既に保持しているものは失わないように護る。（９－２２）

अनन्याश्चिन्तयन्तो मां ये जनाः पर्युपासते ।

ナ・アナンニャーシュチンタヤントー・マーン・イェー・ジャナーハ・パルユパーサテー

तेषां नित्याभियुक्तानां योगक्षेमं वहाम्यहम् ॥ (९ - २२)

テーシャーム・ニットヤービユクターナーム・ヨーガクシェーマム・ワハーミャハム

(註) अनन्यः　चिन्तयन्तः 他の想いがなく、माम्　私に、ये　～であるところの、
जनाः 人々、पर्युपासते　献身、तेषाम्　彼らの、नित्य अभियुक्तानाम्　心静かな、
योग　まだ保持しないものを提供する、क्षेमम्　既に保持しているものを
失わないようにする、वहामि　護る、保護する、अहम्　私は、

解説：シュラッダー（信頼、श्रद्धा）に基づく献身がバクティ（भक्ति）である。この言葉は、バジュ（√भज् 尊敬を持って信頼する）という動詞語根から派生し「愛情そのもの」である。従って、彼はわれわれを保護し、保持し、保持しないものは与えてくれる。

３２．この中で私の元へ来るのは、一途な心の献身者ただ一人、愛しいのは、その賢者のみ。彼も私を愛しく思っている。（７－１７）

तेषां ज्ञानी नित्ययुक्त एकभक्तिर्विशिष्यते ।

テーシャーム・ギャーニー・ニットヤユクタ・エーカバクティルヴィシシヤテー

प्रियो हि ज्ञानिनोऽत्यर्थमहं स च मम प्रियः ॥ (७ - १७)

プリヨー・ヒ・ギャーニノーッヤルタマハム・サ・チャ・ママ・プリヤハ

(註) तेषाम्　それらの、ज्ञानी　賢者、नित्ययुक्तः　変わらぬ、एकभक्ति　１つのものへの献身、विशिष्यते　秀でた、प्रियः　最愛の、हि　まさに、ज्ञानिनः　賢者の、अत्यर्थम्　非常に、अहम्　私、सः　彼、च　～も、मम　私の、प्रियः　最愛の、

解説:バクティとバクタは、相互関係で成り立っている。

賢者

３３．多くの人の誕生があるが、賢者のみが私の元へたどり着く。彼は私、つまり、最も深奥にあるものに気づくが、それは、きわめて難しく異例のことだ。（７－１９）

बहुनां जन्मनामन्ते ज्ञानवान्मां प्रपद्यते ।

バフナーム・ジャンマナーマンテー・ギャーナヴァーンマーム・プラパドゥヤテー

वासुदेवः सर्वमिति स महात्मा सुदुर्लभः ॥ ७ - १९ ॥

ヴァースデーヴァハ・サルヴァミティ・サ・マハートマー・スドゥルラバハ

（註）बहुनाम्　多くの、जन्मनाम्　誕生の、अन्ते　終わり、ज्ञानवान्　賢者は、मा म्　私に、प्रपद्यते　達する、वासुदेवः　クリシュナ、最も深奥にある私、सर्वम्　すべて、इति かくして、सः　この、महात्मा　偉大な本来の自己、सुदुर्लभः 見つけるのは難しい、

解説:何でも、奇跡と思われるような出会い、出来事から成り立っている。従って、気づきが生まれて賢者となれば、だれでも出会いが起こるが、そうでないとその機会は訪れない。希有で異例のことなのだ。

３４．アルジュナよ。幸・不幸に振り回されない堅固な賢者だけが、何ものにも悩まされない不死の状態になるのにふさわしい。（２－１５）

यं हि न व्यथयन्त्येते पुरुषं पुरुषर्षभ ।

ﾔﾑ･ﾋ･ﾅ･ｳﾞｨﾔﾀﾔﾝｯｪﾃｰ･ﾌﾟﾙｼｬﾑ･ﾌﾟﾙｼｬﾙｼｬﾊﾞ

समदुःखसुखं धीरं सोऽमृतत्वाय कल्पते ॥२-१५॥

ｻﾏﾄﾞｩﾌｯｶｽｯｶﾑ･ﾃﾞｨｰﾗﾑ･ｿｰﾑﾘﾀｯﾄｳﾞｧｰﾔ･ｶﾙﾊﾟﾃｰ

（註）यम्　～であるところの者を、हि　だけが、न　～されない、व्यथयन्ति　悩ます、एते　これら、पुरुषम्　人を、पुरुषर्षभ　アルジュナ、समदुःखसुखम्　幸不幸に振り回されない、धीरम्　賢者、स　彼、अमृतत्वाय　不死の、कल्पते　適合する、ふさわしい、

解説：どのような人を賢者と呼ぶか。その第一が、幸・不幸といった両極端に振り回されない人である。これは、すべて心に起因する。

３５．あらゆる欲望には無関心で、欲しがったり所有したりもせず、私感覚のない人は、心の平和を達成する。（２－７１）

विहाय कामान्यः सर्वान्पुमांश्चरति निःस्पृहः ।

ｳﾞｨﾊｰﾔ･ｶｰﾏｰﾝﾆｬﾊ･ｻﾙｳﾞｧｰﾝﾌﾟﾏｰﾝｼｭﾁｬﾗﾃｨ･ﾆﾋﾌﾟﾘﾊﾊ

निर्ममो निरहंकारः स शान्तिमधिगच्छति ॥२-७१॥

ﾆﾙﾏﾓｰﾆﾗﾊﾝｶｰﾗﾊ･ｻ･ｼｬｰﾝﾃｨﾏﾃﾞｨｶﾞｯﾁｬﾃｨ

（註）विहाय　放棄する、कामान्　欲望を、यः　～であるところの者、सर्वान्　すべてを、पुमान्　人は、चरति　行う、निःस्पृहः　欲望から離れた、निर्ममः　所有には無関心の、निरहंकारः　私感覚のない、सः　彼、शान्तिम्　平和を、अधिगच्छति　達成する、行き着く、

解説：第二は、マハルシの言った呼吸と心（私感覚）が出てくる場所は同じという気づきがあれば、心の平和を達成出来る。

３６．世界を乱したり、世界によって乱されることもない人は、喜びや怒り、恐れや悩みからは自由で、私はこのような人を愛する。（１２－１５）

यस्मान्नोद्विजते लोको लोकान्नोद्विजते च यः ।

ヤスマーンノードゥヴィジャテー・ローコー・ローカーンノードゥヴィジャテー・チャ・ヤハ

हर्षामर्षभयोद्वेगैर्नमुकतो यः स च मे प्रियः ॥ १२ - १५ ॥

ハルシャーマルシャバヨードゥヴェーガイルナムカトー・ヤハ・サ・チャ・メー・プリヤハ

（註）यस्मात्　～であるところの者から、न　～でない、उद्विजते　乱される、लोक　世界、लोकात्　世界から、न　～でない、यः　～であるところの者は、हर्षामर्षभयोद्वेगैः　喜びや苛立ち、恐れや悩み、मुकतः　自由な、सः　彼、चः　～も、मे　私に、प्रियः　愛する、

解説：心の平和が達成出来れば、極端な喜びや恐れ、怒りに振り回されるからは自由になる。

３７．名誉・不名誉は同じ、敵・味方も同じ、起こりうるすべての事柄にとらわれない者は、グナを超越した者と言われる。（１４－２５）

मानापमानयोस्तुल्यस्तुल्यो मित्रारिपक्षयोः ।

マーナーパマーナヨーストゥルヤストゥラヨー・ミットラーリパクシャヨーホ

सर्वारम्भपरित्यागी गुणातीतः स उच्यते ॥ १४ - २५ ॥

ｻﾙｳﾞｧｰﾗﾑﾊﾞﾊﾟﾘｯﾄﾔｰｷﾞｰ･ｸﾞﾅｰﾃｨｰﾀﾊ･ｻ･ｳｯﾁｬﾃｰ

（註）मानापमानयो　名誉や不名誉、तुल्यः　区別がない、तुल्यः　同じ、मित्रारिपक्षयोः　敵味方、सर्वारम्भपरित्यागी　すべての行為、行いには無関心、गुणातीतः　グナの支配を超える、सः　彼、उच्यते　～と言われる、

解説：前句と同じで、両極端のものには一切振り回されない。

カルマヨーガ～行為者のない行為

３８．本来の自己の中に留まることに、その中にいることに満足する者は、すべての事柄を成就したと言えるので、もはや何もする必要はない。（３－１７）

यस्त्वात्मरतिरेव स्यादात्मतृप्तश्च मानवः ।

ﾔｽｯﾄｳﾞｧｰﾄﾏﾗﾃｨﾚｰｳﾞｧ･ｽﾔｰﾀﾞｰﾄﾏﾄｩﾘﾌﾟﾀｼｭﾁｬ･ﾏｰﾅｳﾞｧﾊ

आत्मन्येव च संतुष्टस्तस्य कार्यं न विद्यते ॥ ३ - १७ ॥

ｱｰﾄﾏﾝﾆｴｰｳﾞｧ･ﾁｬ･ｻﾝﾄｩｼｭﾀｽﾀｽﾔ･ｶｰﾙﾔﾑ･ﾅ･ｳﾞｨﾄﾞｩﾔﾃｰ

（註）यः　～であるところの者、तु　正に、आत्मरति　本来の自己の中に留まる、एव　正に、स्यात्　～であるべき、आत्मतृप्तः　本来の自己に、च　～も、मानवः　人、आत्मनि　本来の自己の中にいる、संतुष्टः　満足、तस्य　彼の、कार्यं　為すべきこと、न विद्यते　ない

解説：「ギーター」の第３章から第４章にかけてのカルマヨーガには、２つの意味合いがある。第２章のギャーナヨーガは、クリシュナの説明を受けても、まだ、アルジュナには、到底理解出来ないものであった。そこで、クリシュナは、カルマの説明から始める。サンスクリット語動詞語根のクリ

（√कृ）には、２つの意味①「する（to do）」と②「演ずる（to act）」の意味がある。そこで、この２つを分け、①からは「すること」つまり、「行為（doing）」と②からは、「演じること（acting）」つまり、スワダルマとしてこの世で果たすべき役割、という２つのカルマを説いた。そして、特に、「ギーター」では、アルジュナのヴァルナ、即ち、カーストから武士階級としてのスワダルマとして「戦うこと」を求めたのである。何故なら、第１１章で「ヴィシュワスワルーパ」として、主の計り知れない様相を見せ、「私が彼らを殺害するのであって、お前は単に役を演じる役者に過ぎない」、台本は私が書いているのだ、と言い切った。

この詩句の意味は、①のカルマについてのことで、通常の行為はどのようになされるのか。「マハーバーラタ」に並ぶ、叙事詩の「ラーマーヤナ」に次の詩句がある。

あなたは動作の主体だと思っているが、そうではない。自分で歩いているようでも、そうではない。自分で聴いているようでも、そうではない。自分で見ているようでも、そうではない。

करोषीव न कर्ता त्वं गच्छसीव न गच्छसि । शृणोषि न शृणोषीव पश्यसीव न पश्यसि ।

つまり、「ギーター」第４章で述べられるカルマヨーガでの気づきとは、次の詩句である。（拙著『ギーターとブラフマン』８６頁〜８７頁参照）

行為の中に行為者はいない、また、行為者はいなくとも行為は

なされる。この真意を知る者が、まさに、ヨーギーと言われる賢者である。（４－１８）

कर्मण्यकर्म यः पशयेदकर्मणि च कर्म यः ।
स बुद्धिमान्मनुष्येषु स युक्तः कृत्स्नकर्मकृत् ॥ ४ - १८ ॥

行為者のいない行為、彼は主への献身者となっているので、もはや、すべての行為はギャーナのなかに溶け込んでいる。
（４－２３）

गतसङ्गस्य मुक्तस्य ज्ञानावस्थितचेतसः ।
यज्ञायाचरत कर्म समग्रं प्रविलीयते ॥ ४ - २३ ॥

行為と結果

３９．興味のあるなしで、何かをしたり、しなかったり、そのような行為はないので、彼には、誰かに頼ることもなければ、どのような成果の必要もない。（３－１８）

नैव तस्य कृतेनार्थो नाकृतेनेह कश्चन ।
ナイヴァ・タスヤ・クリテーナールター・ナークリテーネーハ・カシュチャナ
न चास्य सर्वभूतेषु कश्चिदर्थव्यपाश्रयः ॥ ३ - १८ ॥
ナ・チャースヤ・サルヴァブーテーシュ・カシュチダルタヴィヤパーシュラヤハ

（註）न　～でない、एव　正に、तस्य　この、कृतेन　行為によって अर्थः　目的、अकृतेने　行為なくて、इह　ここで、कश्चन　誰であろうと、च　～も、अस्य　彼の、सर्वभूतेषु　すべての生きもの、कश्चिद्　何であろうと、अर्थव्यपाश्रयः　必要な成果、

解説：すべての行為は、行為者なしに行なわれている。この気づきが生まれると、ある行為は、行為の結果（果実・ファラ फल）とは無関係であることが分かる。つまり、われわれは、行為の結果にタッチすることは出来ない。果実は、常にプラサーダ（प्रसाद gratuity）として戴くのである。

満 足

４０．成功にも失敗にも心動かず、嫉まれることもなく、常に平静で、どの行為にも縛られない人には、ひとりでに満足が訪れる。（４－２２）

यदृच्छालाभसन्तुष्टो द्वन्द्वातीतो विमत्सरः ।
ﾔﾄﾞｩﾘｯﾁｬｰﾗｰﾊﾞｻﾝﾄｩｼｭﾄｰ・ﾄﾞｩｳﾞｧﾝﾄﾞｩｳﾞｧｰﾃｨｰﾄｰ・ｳﾞｨﾏｯｻﾗﾊ
समः सिद्धावसिद्धौ च कृत्वापि न निबध्यते ॥४-२२॥
ｻﾏﾊ・ｼｯﾀﾞｰｳﾞｧｼｯﾀﾞｳ・ﾁｬ・ｸﾘｯﾄｳﾞｧｰﾋﾟ・ﾅ・ﾆﾊﾞﾄﾞｩﾔﾃｰ

（註）यदृच्छा　機会、लाभसंतुष्टः　満足した人、द्वन्द्वातीतः　二極、विमत्सरः　妬み、समः　偏らない、सिद्धाव्　成就、असिद्धौ　失敗、च　～も、कृत्वा　行って、अपि　～も、न　ない、निबध्यते　縛られる、

解説：行為の結果、果実は、常にプラサーダ（प्रसाद gratuity）として戴いていれば、そこには満足しかない。

イーシュワラ

４１．アルジュナよ。イーシュワラは、あらゆる生きもののハートに住まう、まるで、据え付けられた機械のように、その幻影の力によって、すべての生きものは惑わされる。

（１８−６１）

ईश्वरः सर्वभूतानां हृद्देशेर्जुन तिष्ठिति ।

イーシュワラハ・サルヴ ァブ ーターナーム・フリッデ ーシェールジ ュナ・ティシュティティ

भ्रामयन्सर्वभूतानि यन्त्रारूढानि मायया ॥ १८ - ६१॥

ブ ラーマヤンサルヴ ァブ ーターニ・ヤントラールーダ ーニ・マーヤヤー

（註）ईश्वरः　イーシュワラ、मायर्वभूतानाम्　すべての生きもの、हृद्देशे　心の領域、अर्जुन　アルジュナ、तिष्ठिति　留まる、भ्रामयन्　惑わされる、सर्वभूतानि　すべての生きもの、यन्त्ररूढानि　機械の上に据え付けられた、मायया　幻影によって、幻想の力、

解説：イーシュワラ（主 Lord）には、顕れた姿としてマーヤー（माया）という幻影の力があることを忘れてはいけない。「ギーター」、つまり、ヴェーダーンタのダルシャナでは、まだ、タントラのスパンダ理論（स्पन्द vibration）は確立していないので、主の姿は重ね合わせの状態として理解することは難しい。「スパンダ理論」については、拙著『ブッダの言葉とタントラの呼吸法』を参照いただきたい。

４２．アルジュナよ。すべての生きものと共に、主の慈愛によって永遠の寂静なる住み処、彼の元へと飛び込もう。（１８−６２）

तमेव शरणं गच्छ सर्वभावेन भारत ।

ﾀﾒｰｳﾞｧ･ｼｬﾗﾅﾑ･ｶﾞｯﾁｬ･ｻﾙｳﾞｧﾊﾞｰｳﾞｪｰﾅ･ﾊﾞｰﾗﾀ

तत्प्रसादात्परां शान्तिं स्थानं प्राप्स्यसि शाश्वतम् ॥१८ - ६२॥

ﾀｯﾌﾟﾗｻｰﾀﾞｰｯﾊﾟﾗｰﾑ･ｼｬｰﾝﾃｨﾑ･ｽﾀｰﾅﾑ･ﾌﾟﾗｰﾌﾟｽﾔｼ･ｼｬｰｼｭﾁｬﾀﾑ

（註）तम्　彼に、एव　正に、शरणम्　休息所、गच्छ　行け、सर्वभावेन　すべての生きものと、भारत　アルジュナよ、तत्प्रसादात्　慈愛で、पराम्　至高の、शान्तिम्　平和、寂静、स्थानम्　住み処、प्राप्स्यसि　到達する、शाश्वतम्　永遠の、

解説：パラマートマー、ブラフマン、イーシュワラ、いずれの言葉で表現されようとも、根源としての存在を理解した時、その慈愛によって、われわれは保護され生かされていることが分かる。そのため、マハルシの提唱した「私とは誰か？」という探求を止めてはいけないのである。

参考文献（第２部）

1. *The Bhagavad Gita Translated from original Hindi by Sarla Jagmohan*:
   by Dayananda Verma
2. *The Bhagavad Gita* : Ramananda Prasada
3. *The Bhagavad Gita* : R.R.Varma
4. *The Bhagavad Gita* : Swami Shivananda
5. *Bhagavad Gītā as it is* : Swami prabhupāda
6. *The Bhagavad Gita* : Nataraja Guru, Nitya Chaitanya Yati
7. *Śrīmad Bhagavad Gītā　I – XVIII* : Svāmī Chinmayananda
8. *Śrīmad Bhagavad Gītā* : Śankarācarya
9. *Bhagavad Gita and Its Message* : Sri Aurobindo
10. *सहज गीता* : अरविंद कुमार (Hindi)
11. *GITA SAR practical application* : D.A.DESAI
12. *श्री गीतासारः THE SONG CELESTIAL*
    selected and reset Bhagavan Sri Ramana Maharsi
13. 『サーンキャとヨーガ』真下尊吉
14. 『ギーターとブラフマン』真下尊吉
15. 『ブッダの言葉とタントラの呼吸法』真下尊吉

第３部

アルナーチャラの想い出

The memoirs of Aruṇācara

ラマナーシュラマ　正門

アングルを変えると、ちょうど、太陽のシンボル辺りの

木々の向こうにアルナチャラ山が顔を出す。

ラマナ・マハルシ・アーシュラム

佐保田鶴治先生、生誕百年記念集会の会場で柳田侃先生にお会いして、今度ティルヴァンナーマライへ行かれるとき是非連れて行って下さい、とお願いしておいたら、ほどなく実現し、シュリー・ラマナ・アーシュラマのゲートをくぐった時、「ああ、やっと夢が叶った」と思った。

北インドのシヴァナンダ・アーシュラムの時は、空路カルカッタから入ったが、今回は、シンガポール・エアラインでチェンナイに入り、ティルヴァンナーマライへと到着。北インドの時は、熊谷直一先生に連れていっていただいたので、思えば、すべてが佐保田鶴治先生のご縁に繋がっている。後に、『ヨーガの宗教理念』に収録されることになるが、私が最初に読んだのは、「Who am I？ われとはだれか～智的ヨーガのみち」（１）（２）（１９７３．１２．１と１９７４．３．１「道友」誌）と題する先生の記事で、これが柳田侃先生の著『ラマナ・マハルシの言葉』へと辿り着き、やがてマハルシの「私とは誰か（कोऽहम्）」をサンスクリット原語で読もうという強い思いに変わる。

生誕１００年記念の際に頂いたもの

佐保田鶴治先生 生誕１００年記念文集

「佐保田鶴治博士の求められた道」　真下尊吉

(コンピューター・インストラクター)

佐保田鶴治博士生誕100年記念行事が行われた。

I am very happy that the 100th birth anniversary of Prof. Sahoda was celebrated in Kansai. He certainly was the greatest profounder of Yoga in Japan. In fact the work we are able to do in Japan today is mostly based on the foundation created by him. I also pay respect to memory of that noble soul.

(佐保田鶴治博士の生誕100年記念行事が関西でとり行われたことをお聞きしまして嬉しく存じます。博士は、まさに日本における最も偉大なヨーガの見識者でありました。私たちが今日、日本で活動出来るのも、博士がその基礎を築かれたからに他なりません。博士の、この気高い魂に億いを馳せ敬意を表するものであります。)

これは、電子メールで届いたインドの大学の先生からのメッセージであるが、博士がいかに広く、また深く人々から敬愛されてきたかを示すものである。

時がたち、最近では、佐保田鶴治博士を直接知らない人も多くなってきたが、私は、当日の柳田　侃先生のスピーチから最も深い感動を受けた。それは、「私は、第２世代にあたり、佐保田鶴治博士をお訪ねしたときには、先生はもうお亡くなりになっていた。しかし、私は、先生の魂から教えを学んだ。」とおっしゃったからである。先生の書物からでも、何からでも学ぶことは出来、この「魂から学ぶ」ということほど適切な表現は他には見あたらない。だから、私たちは、(聖者といわれる人を) 実際に知らなくても、クリシュナムティからも、ラマナ・マハリシからも学べるのである。

佐保田鶴治博士は、生前「師の真似をするな。師の求めし道を求めよ。」とおっしゃったことも当日、石田先生からお聞きした。坐をとっておられる銅像もあり、またお写真もあるが、個人としての姿を偶像として崇拝することを排除され、「これはその道を求めている、その年代における一人のヨーギーの姿に過ぎない」と強く念を押されたという。前述のprofounder とは、学識・洞察力共にきわめて優れた人のことであるが、先生がいかにヨーガの正しい道を求め続け、それを伝えようと努力されたかが分かる。この道を求めてこられた足跡は、「道友」誌の合本Ⅰ～Ⅳに克明に記載されている。道友諸氏の地道なお仕事により、なにが真理であり、なにが真理でないのか、自分の目で確かめることができる。

博士は、１９７３年の段階でヴェーダンタ・ヨーガの強力な実践家の３人、ラマナ・マハリシ、ラーマ・クリシュナ、ヴィヴェーカナンダを真っ先に紹介され、また、バガヴァット・ギーターについても深い洞察がある。われわれがヨーガを実践する場合は、サンニャーシのように世間を離れて修行するのではなく、社会の中で生活をし、その行動がおのずからヨーガの修行になっているようなやり方、つまり、カルマ・ヨーガの立場を強調された。その意味は深く、人間いかに生きるべきか、というヨーガの道を提示されたことを生誕１００周年を迎えて、あらためて確認したい。

－ 71 －

（１９９９年7月３０日に発行された生誕１００年記念文集より）

正門をくぐり抜けると左手にサマーディ・ホール

ゲストルームに続く園内

アーシュラマ内

正門をくぐるとすぐ左手に下足所があり、ここで履き物を預けて構内は裸足で歩く。ミモザの花びらが一面に撒かれたような美しい道を歩いていくと、孔雀に出会い、時には、空を飛ぶ姿に驚く。私は、孔雀の飛ぶ姿をこのアーシュラマで生まれて初めて見た。南国の植物が茂り、孔雀や猿などの動物が一緒に住むこのアーシュラマは静寂に満ち、もし、天国というものがあるのなら、ここではないかと思った。

右手には、ブックデポジット（書籍部）と事務所、左手にニューホールとサマーディ・ホールがある。

オールド・ホール（メディテーション・ルーム）

右の写真は、オールド・ホール、又は、メディテーションルームと呼ばれ、マハルシが大半を過ごした所とされる。早朝の午前３時過ぎに起きて、ここへ向かう。コーナーのベッドの上には、慈愛に満ちた最も美しい人間の顔であるマハルシの大きな写真の入った額が花飾りと共に置かれている。ひんやりしたメディテーション・ルームには１時間ほど坐っていたが、少し寒くなり屋外へと出た。

ニューホールにあるマハルシの座像は、一塊のグレイ・ストーンから掘り出された像で、ここもデヴォーテーが訪れるが、サマーディ・ホールやメディテーションルームよりは人が少ないのと、日中は涼しいので瞑想の場所として好まれている。

ところで、昨年、国内だけでなく、フランスにも店を出されている方から、いろいろとお話を聞く機会があった。「あなたの宗教は何ですか」と尋ねられると、日本人は、「無宗教です」と答える人が多いそうだ。こういう人は、まず、馬鹿にされ、信用も得られないとか。キリスト教とかイスラム教とか仏教のように宗教の種類や宗派のことを尋ねている訳ではない。佐保田鶴治先生は、「ヨーガは宗教である」と明言されたように、「宗教とは、各人のなかに人生を生き抜くに充分な強く固い信念を生みつけてくれる教えのことである」とおっしゃった。ここでフランス人が訊いているのは、このことで、われわれなら「ヨーガです」と答えればよい。それを「無宗教です」などと不用意に答えてしまうと、根無し草のような生き方をしている、ということと同じである。

ここマハルシのアーシュラムはヨーロッパからのデヴォーテーが多い。あるスペインからの女性のバッグには、「どらえもん」のマスコットが下がっていたので、尋ねると、もうこの頃から人気キャラクターだった。今でも日本のアニメや漫画がきっかけで日本に興味を持ち、やがて文化も深く理解して日本に住み着く人も多い。

さて、ここを通り抜けて、ゲスト・ルームへと向かう。

われわれ夫婦の宿舎となる部屋は、ハイデラバードのお医者さん一家が寄贈されたものらしくそれを示すパネルが入り口左側にはめ込まれてあった。簡素なベッドとトイレ。洗面所と水道の蛇口がひとつ。机といすが一組。天井には大きなプロペラ式の扇風機。何もないようで、すべてが揃っている。宿舎は風通しがよくてとても快適だった。日中は天井の大きな扇風機を回すが、夜は涼しく、シャワー代わりの水を手しゃくで浴びるのも早い時間でないと冷たく感じる。

時々、猿が訪ねてくることもあって、人も動物も一緒に暮らす、何とも平和に満ちた場所。同じ猿でもシヴァナンダ・アーシュラムでは食べ物を持っていると奪いに来るので恐かった。

宿舎近くに訪ねてくるサル

ここで何日か暮らすうちに、新聞もラジオもテレビもインターネットも一切ない生活が、どれほど豊かなもので、これらの、一見いかにも重要そうな情報がまったく必要ないものだということに気がつく。現代社会の人々は、すべてがＧＡＦＡ（註）という巨大なネット社会の支配のため、頭上に雲のようなフィルターが懸かり、ヴェーダやウパニシャッドの時代から何千年もの間イーシュワラ、ブラフマンといった呼び名で伝えられた存在に直接アクセスが出来なくなってしまった。ここからの答えは、人工頭脳を駆使し、どれほど正確なものであっても、情報という名の神の声に変わる想念に過ぎない。

（註）グーグル（G）、アマゾン（A）、フェイスブック（F）、アップル（A）の頭文字をとってこう呼ばれている。

当時でも、ここ、マハルシのアーシュラムで、時々、「アーサナの教室はないのですか？」と尋ねる人があった。ヨーガをそのように理解している人は、特に、最近はＧＡＦＡの視覚情報からであろう。しかし、「人生を生き抜くに充分な強く固い信念を生みつけてくれる教え」は、どのように育つのか。

アーシュラマ内を散策し、アルナーチャラの丘に登ってアルナーチャレシュワラ寺院を眺めていれば、「ヨーガとは何か」は自然と分かる。

４ヴェーダの中の
「ヤジュルヴェーダ・サンヒター」

ヤジュル・ヴェーダパータシャーラー（ヴェーダの学校）

バラモンの師弟が学ぶ「ヴェーダの学校（यजुर्वेदपाठशाला ）」
マハルシは、「チャンティングされる音が、心を静める」
と言っている。

The sound of the chanting helps to still mind.
（“A pictorial Biography” p.81）

ヴェーダのデーヴァナーガリ文字は、いわば音楽の
譜面のようなもので、あくまで音のヴァイブレー
ションが重要視される。

ヴェーダの学校

ヤジュルヴェーダ・パータシャーラーという看板がかっている。いわゆる、将来、儀式を執り行うバラモン師弟のためヴェーダを学ぶ学校である。ヴェーダの中でも「ヤジュルヴェーダ」になっているのは、祭祀を司祭するアドヴァリュ祭官としての役目だからだろうか。

柳田侃先生の「ヴェーダパータサーラ随想」(『東方雑草』)によれば、朝夕２回約３０分のヴェーダ誦唱（チャンティング）が毎日行われているが、この時ヴェーダ学校の子供たちが師匠と共に壇上に並び合唱するそうである。また、ヴェーダ聖典の学習は、伝統にしたがって、師から弟子への口頭で伝える方法にのっとっていて、これはインドの伝統である。

アビヤーサ（अभ्यासः）というサンスクリット語は、「ヨーガスートラ」にも出てきて、「絶え間ない修練」などと訳されるが、単に「繰り返すこと to repeat」の意である。例えば、サンスクリット語で完了過去形を作る時、√नन्द्（喜ぶ）は、ननन्द（喜んだ）と न が繰り返される。アビヤーサである。デーヴァナーガリ文字は、あくまで楽譜のようなもので、私たちがアニル・ヴィディヤランカール先生に「般若心経」を教わったときも、あるフレーズを３回繰り返し、終わると、また最初から３回、そして全体を通して３回繰り返すという具合だった。耳は聴こえているだけで、芯までは、なかなか入っていないのである。文字ではなく、まず、音からこのように何回も繰り返し身体で憶えてしまう。この教育方法は、本当に素晴らしい。

アーシュラマでの食事

ラマナ・スクールでの食事

アーシュラマでの食事

アーシュラマのダイニング・ホールでの食事は、バナナの葉（leaf－plate と言われている）の上にご飯とカレーをかけ、金属のコップにミルクと水、何だったか忘れたが甘い物。いつも食事とティータイムは楽しみだった。柏餅を包む葉っぱのようなものを、小さい爪楊枝みたいなもので縫い合わせ、乾燥させ、バナナの葉の代わりにして盛られることもある。直接床に置くリーフ・プレートに慣れていない、ある女性がコップの水を垂らしてハンカチで拭かれたが、真っ黒になった。インドでは伝統的な香辛料の入った食事は殺菌作用もあり、見かけを気にすることはないのだ。腸管出血性大腸菌Ｏ－１５７の時もそうだったが、抗菌スプレーなどをやたら吹き付けていると、免疫力そのものが失われてしまう。

後述するが、訪問したラマナ・スクールでいただいた食事も大体同じようなものであったが、こちらは品数が増え、来客用であることが分かった。

アルナーチャラ山

ティルヴァンナーマライの街から見たアルナーチャラ山

アルナーチャラ山

タミル語では「ティルヴァンナーマライ」と言うそうで、地名はそこからきているらしい。いずれにしても、世界の心臓と称せられ、ここへ来るとそういう気がする。マハルシが惹かれた理由であろう。サンスクリット語でアルナ（अरुण）は「赤い、赤色、火、太陽」、アチャラ（अचल）は「山」であるが、アチャラは、本来「動かぬ、不動 immovable」、サンスクリット語動詞√स्था「動かず、じっとしている（to still）」の意味である。

ギリプラダクシナでアルナーチャラ山の周りを巡回すると、少しずつ姿が変わるが、私の最も好きな眺めは、この地点から見た左頁２点の写真である。

今回の旅は、マハルシがアルナーチャラをめざして歩いた足跡を辿るという非常に恵まれたもので、アラヤニナルール寺院の「ニャーナ・サムバンダのアルナーチャラへの記念塔」（右の写真）から山の頂がマハルシが見たのと同じように見えた時の感動はひとしおだった。こんなことは滅多に起こらないだろう。

ニャーナ・サムバンダのアルナーチャラへの記念碑

アラヤニナルール寺院（修復中）

お寺を管理するバラモン僧

アラヤニナルール寺院

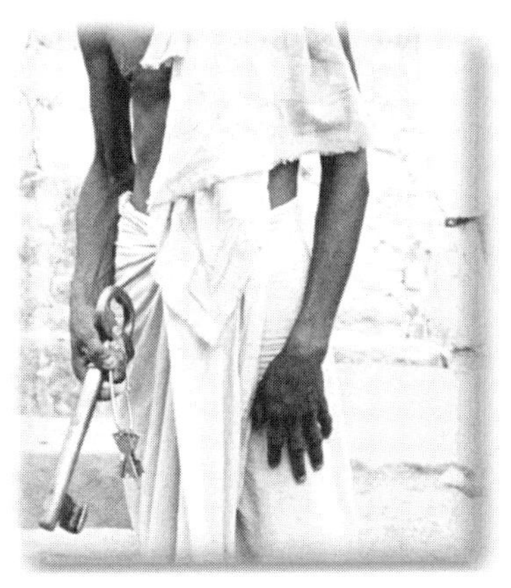
バラモン僧の持つ巨大な鍵

ティルコイルールのアラヤニナルール寺院は、日本人でもめったに訪れることのないところで、この寺院に入り、しかも、内陣まで参拝させてもらえたことは奇跡に近かった。鍵を預かるバラモン僧を現地ガイドさん（本来、ドイツ語のガイドさんで英語だった）が捜して下さったが、このバラモン僧の奥さまの話によれば、数日前にあいにく肩を痛められていて、はたして連れていってもらえるか危ぶまれたが、しばらく待つと私たちの前に現れた。まず、驚いたのは手に持ってこられた巨大な鍵の大きさである。それは腕の肘から先まであろうと思われるもので、さらに数個の補助キーが付いている。この写真は、柳田侃先生が大変お気に入りで、後に、修復工事の募金活動に協力する趣意書に添付する写真シートにも役立つことになった。この巨大な鍵がアラヤニナルール寺院の内陣の扉に刺され、いよいよ扉が開けられた。長い間明けられなかったのであろう。中に入ると、少し息苦しさをおぼえた。巨大なリンガムが安置されている。

アラヤニナルール寺院は、マハルシが、ギャーナ・サムバンダと同じ体験、アルナーチャレシュワラの神が光の姿で顕現する体験をしたとされるが、内陣以外にも見るべき所の多い寺院である。

写真のようにゴープラムは、修復のための木製の足場が組まれていた。その後ろ側に「ニャーナ・サムバンダの記念塔」(「アルナーチャラ山」のコラム参照) があって、その延長上に美しい鈍角の三角形をしたアルナーチャラが初めて見える。長く尾を引いた裾野がとても美しい。

ラマナ・スクール近くから見るアルナーチャラ山は、
また違った姿を見せる。

一緒に旅行した友人が、あるヨーギーから貰われた
シヴァ・リンガムのミニチュア。後に私が受け継いで、
現在、マハルシの写真と共に飾っている。

ギリプラダクシナ巡回中に見られるリンガムのひとつ

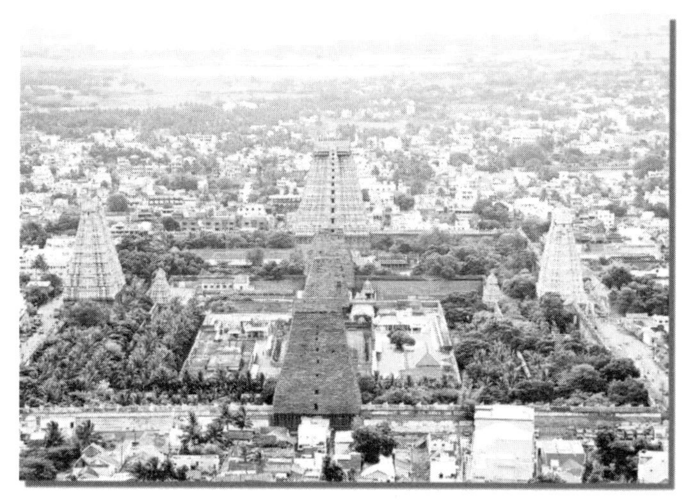

アルナーチャレシュワラ寺院を見下ろす丘

小高い丘にて

アルナーチャラの丘

ラマナーシュラマ北門からアルナーチャラ山を東寄りに登っていくと下側にアルナーチャレシュワラ寺院が一望出来る小高い丘へと着く。ここは私の最も好きな所で、耳元を心地よい風が吹き抜けていく。風の音に、小鳥の鳴き声に、植物や動物の気配に耳をすましていると、人間の作った環境とは違う何かが語りかけてくる。これほど素晴らしい眺望はなく、何時間居ても飽きない。写真では、ヨーガの真似事をしてロータス・ポーズをとってはいるが、こういう姿に人はよく騙される。瞑想やサマーディの状態は、姿・形にはいっさい関係がない。パタンジャリは、「ヨーガスートラ（以下、YSと略記）」の第２章４６詩句でスティラスカム・アーサナム（स्थिर सुखम् आसनम् ॥）と言ったが、ロータス・ポーズに象徴される姿は、YS 1-2の「チッタ（心になる前の原子の粒々の）、ヴリッティ（動きが）、ニローダハ（①止まって、②消え）」、「スティラ（そのままの状態が続く）」という意味である。この「スティラ（स्थिर）」という語は、動詞語根「スター√स्था 留まる」からきているので、快適でどこにも緊張がなく、不動な心の状態がその人の姿にも反映していることを表している。

後述するが、ヴィルパークシャ・ケーヴの前室で、ある一人のスワミが坐っておられる姿は一生忘れない。ケーヴを見学して出てきても微塵も動かすに坐っておられた。こういう姿で、留まることが出来るのだ。つまり、坐は象徴でしかなく、問題は、どこまで行っても「チッタ・ヴリッティ」であり、マハルシの言った「私とは誰か」という想念の出所の探求である。

サードゥ・貧者・弱者の人たちへの食事提供

デイリー・フード・フィーディング

デイリー・フード・フィーディングといわれるサードゥ・貧者・弱者の人たちへの食事提供が毎日行われる。

正門を入った右手に樹齢千年を超えるかと思われるイルパル樹（Illupal tree）があり、この下辺りからブック・デポジットにかけて食事を求める行列ができる。写真は、木陰で食事を摂っているところ。午前１０時頃から列が出来はじめ、午前１１時にデボーテーやアーシュラマ内の人びとに先立って、一番始めにサードゥ・貧者・弱者の人たちへの食事が提供される。これは古くからバガヴァーンによる慣習になっているらしい。

わが国でも大阪の釜が崎で弱者に対する食事提供を続けている人たちの様子をＴＶで観たことがあるが、資本主義の世の中、この人たちを優先し、その後に、一般の人たちにお金も食事もが回るようになれば､世の中ずいぶん平和になるのでは､と思わせる。

一生のうちに使い切れないほどの莫大なお金を所有しながら、なおも欲しがり、税逃れのためタックスヘイヴン、いわゆるケイマン島などの租税回避地に資産を隠しまくり、果てはトランクに隠れて国外に逃亡する人物も現れたことはご存じの通りだ。世界の富を数パーセントの人が握る資本主義の欠点を今考え直そうという動きが出ている。

ヴィルパークシャ・ケーヴ

ヴィルパークシャ・ケーヴの前室

ヴィルパークシャ・ケーヴ

ヴィルパークシャというのは、偉大な覚者の名前で内部にヴィルパークシャ・デーヴァのお墓がある。その前室にはベッド状の長いコーチがあって、そこに一人のスワミが坐っておられたことは、「アルナーチャラの丘」で書いたが、それが左頁下側の写真である。このように微動だにせず坐っておられる姿は、まったくチッタ・ヴリッティ（चित्त वृत्ति）がない状態が外に顕れた姿なので、はじめてパタンジャリの「スティラスカム・アーサナム（स्थिरसुखम् आसनम् ॥ YS(2-46)」の意味が分かった瞬間であった。

「アルナーチャラの丘」で「坐は象徴でしかない」と書いたのは、わが国では、ともすればラージャヨーガ＝パタンジャリとして理解されている節があり、「８肢ヨーガの階梯」をバイブルとした「ディヤーナ・ヨーガ」が主流である。しかし、パタンジャリの使った言葉の**アーサナとプラーナーヤーマ**は、ブッダが実践においては棄てた**苦行（タパ）**であり、並の人間には不可能に近い（「釈迦苦行像」を見れば分かる）。

チッタ・ヴリッティ（心となる前の原子の粒 चित्त - वृत्ति）がニローダハ（①止まり② 消滅 निरोधः）**（調心）**し、「スティラスカム・アーサナム（स्थिरसुखम् आसनम् ॥ YS(2-46)」その状態が外に不動の姿として現れた象徴の**坐**が**アーサナ（調身）**の意味であり、同じく、「バーヒャ・アビヤムタラ・ヴィシャヤ・アークシェーピー・チャトゥルタハ बाह्याभ्यंतरविषयाक्षेपी चतुर्थः ॥ YS(2-51)」ケーヴァラ・クムバカ、即ち、想念・思考のない状態の象徴が、**プラーナ・アーヤーマ（調息）**の意味である。従って、実践に当たっては、身体の整っていない状態ではきわめて困難であり、座禅（座はアーサナ、禅はディヤーナであるが）でも、坐をとるとき尻に円形の座布団が敷かれることを見ても明らかである。

「ラージャヨーガ」の「ラージャー」とは本来「王様」の意味であって、「最高位」としての**サマーディ**のことである。従って、ヨーガに至る**4つの道**（カルマ・ヨーガ、バクティ・ヨーガ、ディヤーナ・ヨーガ、ニャーナ・ヨーガ）としては、ヴィヴェーカーナンダをはじめ、ラマナ・マハルシも、バガヴァッド・ギーターも説いているように、いずれも**サマーディへの道**である。

パタンジャリの「8肢ヨーガの階梯」は、ラージャヨーガと呼ばれるにはふさわしく完全なもので、「ディヤーナ・ヨーガ」の実践に適している。しかし、実践に当たっては、**時系列には逆行するが、常人にも実践が可能な**後の**ハタヨーガの行法**の**アーサナ**と**プラーナ・アーヤーマ**に、ごく自然に入れ替わっている。

拙著既刊本では、実際に行われている方法を説明したので、このあたりの違和感と混乱が生じるのは、きわめて自然な反応なのである。(註) ヨーガの実践方法の源流は、黒ヤジュルヴェーダからの流れの「マイトリウパニシャッド」に記載のある「6肢ヨーガの階梯」である。しかし、パタンジャリの使った**アーサナ**という言葉は**ハタヨーガのアーサナではない**。彼がアーサナに言及しているのは、わずか、6つの詩句、YS(2-46)～YS(2-51)であって、行法としてならば、どのように実践すればいいのかは分からない。また、**プラーナーヤーマ**についても、後のブッダの「アーナーパーナサティ」やタントラの「ハムサ」のように万人が実践可能なものではない。インドでは、時系列は、真理というタイムレス（timeless）に切り替わる。以下に、もう一度、「マイトリウパニシャッド」を起源とする「6肢ヨーガの階梯」から、シャンカラの「１５肢ヨーガの階梯」までの図を時系列で掲げてみる。

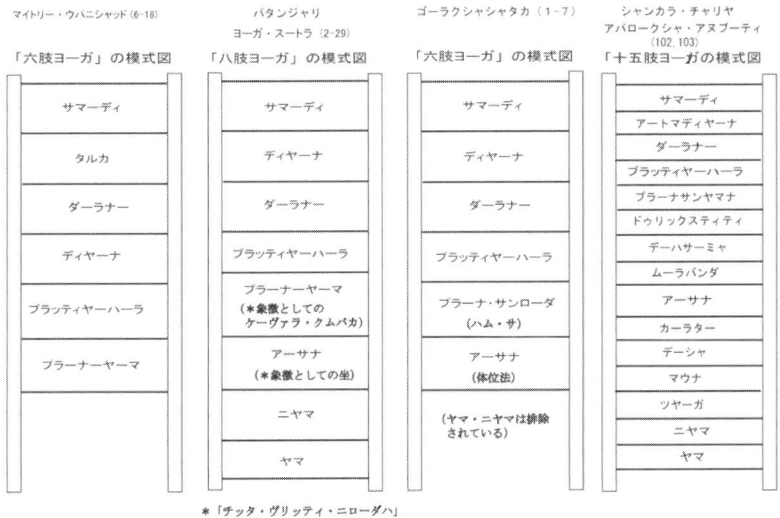

すぐに気がつくことは、共通なのは、「サマーディ」が最高位（ラージャー）で**４つのヨーガの道**と同様である。それと「プラーナ・アーヤーマ」も共通である。しかし、「ゴーラクシャシャタカ」の「アーサナ」とパタンジャリの「アーサナ」、シャンカラチャリアの「アーサナ」のそれぞれの意味は同じではない。 現に、「ゴーラクシャシャタカ」の「アーサナ」は、詩句（１－９）で示された**体位法**であり、われわれが普段アーサナとして実践しているものである。また、シャンカラチャリアの「アーサナ」の意味は、「ブラフマンに向き合う不断・不動の姿勢」を意味していてハタヨーガのアーサナとは異なる。

わが国では、パタンジャリの「８肢ヨーガの階梯」に固執した「ディヤーナヨーガ」が主流であるが、実践に当たっては、同じく、「マイトリウパニシャッド」を根源として、後に、カーンパタヨーギー達の示した「６肢ヨーガの階梯」(「ゴーラクシャ・シャタカ」)や「ハタヨーガ・プラディーピカー」、「ゲーランダ・サムヒター」などの**タントラ**（ナーना とタ थ、ハ ह とタ ठ）に基づくものを実践可能な行法として使っている。これらの教典は、われわれの身体の見えない部分にも非常に科学的な目が注がれており、「ハムサの呼吸」を重要視し、そこに出発点としてアーサナを加えた意義はブッダの「アーナーパーナサティ」同様非常に大きい。従って、**体位法としてのアーサナ**を、**ハム・サ、または、アーナーパーナサティの呼吸法**と共に出発点とすることは理に叶っている。しかし、拙著『ハタヨーガからラージャヨーガへ』２５頁に書いた通り「ハタヨーガプラディーピカー」の中で述べられている次のことを忘れてはならない。

ラージャヨーガを知らないで、ただハタヨーガを行ずる人が多い。彼らは実りのないことをただ繰り返しているに過ぎない。

（HP３－１２６）

また、時系列を無視し真理というタイムレスに切り替えたものを「３肢ヨーガの階梯」として前著『ブッダの言葉とタントラの呼吸法』１４６頁で提言した。

インドのダルシャナすべて、ヨーガにおいてもサンスクリット原語に基づく理解が必須なので、パタンジャリの使った「スティラスカム・アーサナム（स्थिरसुखम् आसनम् ॥ YS(2-46)」について再度説明しておくと、この句の意味するものは、サンスクリットの動詞語根アース（√आस् 坐る）からの名詞アーサナ（आसनम्）で**坐**であり、一方、ハタヨーガにおいては、**体位法**の意味となる。

図表に描いたように「チッタ・ヴリッティ・ニローダハ」の**象徴・**

坐としてのアーサナと、**実践における体位法としてのアーサナ**という言葉を意味の上で混同してはならない。その上で、実現可能な実践方法をパタンジャリの示した「８肢ヨーガの階梯」に適用するならば、これに固執せずカーンパタヨーギー達の示した「６肢ヨーガの階梯」の通り、心で心をコントロールするヤマ、ニヤマを排除し、HP(1-15) と HP(1-16)を心構えとして、身体から整える体位法としてのアーサナから始めるのは、ごく自然である。

さて、スカンダ・アーシュラム、ヴィルパクシャ・ケーヴから麓へと降りてくる途中に、燃料にする牛糞を乾かしている光景（右の写真）に出会った。見事な再生エネルギーである。見かけ上は澄んでクリーンに見える原子力発電所の排水と濁ったガンガーの水のどちらが安全なのか、目には見えず隠れたものは、本当は怖い。

（註）拙著『サーンキャとヨーガ』では、１５９頁「46．47．48．は、」の次に、「時系列では逆行するが、実践に当たる場合」を挿入しないと不正確である。また、『サンスクリット原典から学ぶ 般若心経入門』の５７頁の図は、ヨーガ哲学・理論としてパタンジャリの「８肢ヨーガの階梯」に固執して「ディヤーナヨーガ」を実践しようとするので、時系列の逆行が起こることを示したものである。

ギリプラダクシナ　～　アルナーチャラ巡回　下見

玄関前の清めの文様（？）

ティールタ तीर्थम्　沐浴場

ギリプラダクシナ

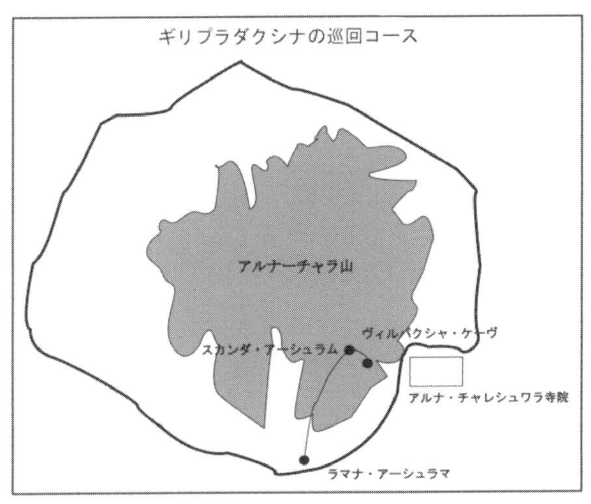

ギリプラダクシナは、アルナーチャラ山の周り約１３Kmを右回りに歩く。途中にガーネシヤ寺院をはじめとする１０以上のお寺を巡る。どのようなコースなのか、われわれは、前日に力車に乗ってそれを確かめた。オートリキシャが止まるたびに姿を変えたアルナーチャラ山を見ることが出来る。翌日、早朝の午前２時頃にアーシュラマを出発、ここ南インドの夜は、まさに漆黒の闇。真の暗闇というものを体験してこそ光がどのようなものかが分かる。裸足で歩くと舗装されているところもあるが、土の所は変化する地面の様子がじかに伝わってくる。途中、お寺（Temple）と神殿（Shrine）があるので、そこに立ち寄る。また、ヤマ・リンガムはじめ、ヴァルナ、ヴァーユ、インドラ、アグニなどの各リンガムやタンク（サンスクリット語でティールタ तीर्थम् 直訳すると「聖なる湖」）、いわゆる沐浴場があちこちにある。

このギリプラダクシナも、丁度、比叡山千日回峰行のようなもので、柳田侃先生も何年か決めてされたようである。私も、当時

１，０００日行というのがあって、アーサナや、プラーナーヤーマを段階的に毎日行った。しかし、満行後は、シンプルなアーサナとアーナーパーナサティに切り替えた。この千日行の始まる前に、自分でノートに記録して同じような行法を行っている人の話を聞き、実は、７００日ほどやっていたからで、合わせて１，７００日間は、私の場合、しなければならないという行が逆に緊張を生むことも分かったからである。

また、ハタヨーガの行法に関して「クンダリニー」に異常に関心を持つ人が多い。「クンダリニーの覚醒」という言葉に惹かれるためで、しかし、これは起こるかもしれないが、期待することでも求めることでもない。

私がハタヨーガを始めたのは、小学生から３０代頃まで、喘息という持病に悩まされたからで、４０代の頃、桜沢如一のマクロビオティックのセミナーで熊谷直一先生に出会った。前述のように行法を始めて２００７年６月頃から突然体調が激変した。お腹の周りや腕や脚にも赤発が出て痒みと痛みが出た。皮膚科の開業医へ行って、一旦は治まったかに見えたが、しばらくすると再発し、塗り薬の副作用からか手足の股の部分に水ぶくれが出来て皮膚は硬化するし、全身が赤く腫れ上がって激烈な痒みと痛みで悲惨なこととなった。

私は「クンダリニー」には全く関心はなかったので、薬疹かもしれないし、東洋医学でいう瞑眩（めんげん）反応、いわゆる好転反応かもしれないと思っていた。そんなことよりも、この痒みと痛みから逃れるために、国立医療センターに行って皮膚科と内科であらゆる検査をしてもらった。レントゲン、ＣＴスキャン、皮膚組織を採っての培養検査、血液検査、寄生虫の検査など。。。

しかし、医師が首をかしげられるほど原因はつかめない。

人間の身体は、３０代から４０代、４０代から５０代、さらに６０代から７０代へと移る時、それまでの身体の仕組みを次の年代に適合するため入れ替えるような気がする。この時、６０代から７０代へと移行する時期だったので、たまたまその時期とぶつかってエネルギーが解き放たれたのだろうか？

「クンダリニーの覚醒」という言葉は、興味本位に語られると非常に危険である。何が幸いするか分からない。アニル・ヴィディヤランカール先生の日本でのセミナーの通訳は、中島巖先生がされていた。先生訳のゴーピ・クリシュナ著『クンダリニー（*Kundalini, The Evolutionary Energy in man* by Gopi Krishna)』が、この激烈な体験に一番役だった。何故なら、今まで、神秘的な形でしか語られなかった「クンダリニー」について科学的に自身の体験を述べ、後に「クンダリニー研究財団」をつくって生命現象の研究に尽くしたのがゴーピ･クリシュナである。

それによれば、「生体組織が十分対応出来ないうちに、脊髄を通って頭脳の中枢に入ってくる生命エネルギーの流れが一挙に増大すると、脳への血流が急激に増加する場合と同じように、きわめて深刻な影響が出てくる。」つまりは、「平衡状態が崩れて神経組織全体が影響を受け、重大な変化が起こる」のである。

幸いだったのは、先生はゴーピクリシュナにも会われたこともあるので、秋のアニル先生のセミナーの時、いろいろとお話が聞けたことである。また、後のお手紙で「学者、思想家、芸術家、音楽家から巷にいる宗教関係者、行者、運命鑑定士などの言動を注意して見ていると、程度に差こそあれ、様々な形のクンダリニー覚醒体験のあることが分かってきた」とあり、起こり方は穏やかな場合もあれば、ゴーピ・クリシュナのように激烈なこともあるらしい。先生からいただいたアドヴァイスで非常に有益だったのは、「一つの方法としてクンダリニーを擬人化し、自分の中に住む賢者として扱い、彼から直接メッセージをもらおうと不断から構えていると突然口を開き始める場合があります。」ということだった。

この国立医療センターの皮膚科の先生は、本当に素晴らしい方だった。プレドニン（ステロイド薬）を使いどのくらいの期間かかるか分からないが、一緒にうまく軟着陸を考えましょう、と言って下さった。１００％先生の指示に従って薬を飲み、あまりこれといった副作用もなく、薬のおかげで全身の赤みは少し薄らいできて、何よりも助かったのは、皮膚と筋肉の間の痒みは残るものの、夜眠れるようになった。これは体験しないと分からないくらいありがたいことだ。どうせ眠れないのならと腹をくくってカセットプレイヤーにヘッドホンを付けて、そのうち眠れればと長い間夜を過ごしてきたので、そうしなくてもすむようになった。また、身体に痛みが走らなくなったので、朝、プラーナ・アーヤーマやアーサナが少しずつ出来るようになった。

６０代から７０代への移行に伴う「神経組織全体の組み替え」としか理解しがたい、この大きな変化が「クンダリニーの覚醒体験」なのかどうかは、どうでもいいことであって、そんなことよりも自分自身の身体をよく見つめなおす点でこの体験は非常に有意義であった。

そんな折、ヨーガの生徒さんでもある国立病院の婦長さんが、１８５９年に書かれたナイチンゲールの「看護覚え書」の抄訳を見せて下さった。この書は、私に雷のような衝撃を与えた。

「病気とは、回復過程である」

このナイチンゲールの定義こそすべてを言い表している。仮に、「生体組織が十分対応しきれないうちに、脊髄を通って頭脳の中枢に入ってくる生命エネルギーが一挙に増大した」としても、それは、今までのような仕組みでは対応できないから、なんらかの修復作用が行われているからであり、生体の回復作用がみごとに働き始めた証拠と捉えれば、むしろ、自身をよく観察する機会が与えられたことは、まさに天の配剤である。病気とは、生命力の発露であり劇的な回復過程なのである。

その後、藤倉啓次郎氏の著『般若心経を解く』をなにげなく読んでいると、アニル先生の案内でゴーピ・クリシュナに会われたとの記述が出てきて驚いた。それで、セミナーの時、この本をアニル、中島両先生にお見せすると、何と１９８１年2月１５日から２月２５日迄のインドツアーの時に案内されたそうである。その時のゴーピ・クリシュナのアドイスを藤倉氏が書いておられる。

「あなたが（自分と同様に）神秘的体験をしたら、この世がないも同然に感じるだろう。(注・私はこれが「空」の体験だろうと思った。) そういう境地に達するために最も大切なことは、心を清らかに保つことで、それができなければヨーガも瞑想も役には立たない。それから、仏陀の八正道を守ることである。心さえ清らかなら祈りだけでも聖なる光に近づける。あなたの身体が若者のように強健でないからといって、この光明に耐えられないことはない。あなたの心中を神への愛、真理への尊敬、謙虚な精神で満たしなさい。また、貧しい人びとに同情すること、穏やかで節度

ある生活を心がけなさい。そうすれば、少しの瞑想とお祈りだけでも必ず真理を顕現できるだろう。」（上掲書１９頁、２１頁）

まさに覚者の言葉だ。ヨーガは、今までと違ったレベルの高い健康状態、今までと異なった存在、身体の秩序を構築することだ、と OSHO Rajneesh は述べているが、その意味では今回の「神経組織系統全体の組み替え」が「クンダリニー」に関係したことかも知れない。しかし、「クンダリニーの覚醒」などと、何か特別な体験とは考えない方がよい。回復には６ヶ月ほどかかったが、医療センターの先生のおかげで副作用もなく軟着陸でき、２００８年１月早々には渡印できるまでになった。

シュリー・オーロヴィンド・アーシュラム

この時、宿泊予定のシュリー・オーロビンド・アーシュラムには、事情で泊まれず、アニル先生宅近くのホテルを紹介していただいた。それが幸いし、予期しないことが起こった。突然、英文のプリントを持って来て下さって、約１０日間、毎日、午前中教えを受けることになった。それが、帰国後翻訳、公開し、言語セミナーも行った" The Man and Language." である。（後に A.Vidyalankar 中島巌編『インド思想との出会い』１７７頁～１８７頁に収録）

シュリー・オーロビンド・アーシュラムには２年後の２０１０年に訪れたが、マザーの写真の飾られたメディテーション・ルームは素晴らしく、また、ヒンディー語・英語で書かれたサンスクリット語のテキストも頒けて下さった。

さて、アルナーチャラ山を一周すると、やがて辺りが明るくなってくる。女性たちが、朝の準備に井戸に集まったり、また、玄関先に白い粉で、それぞれの家の家紋のようなものを描いている。恐らくこうして毎朝清めの儀式を行っているのではなかろうか。われわれが、毎朝、仏壇に花と水を供え、灯明をあげるようなもので、アルナーチャレシュワラ寺院まで戻ってくると、ちょうど朝の礼拝の始まる頃であった。修行のひとつとしてアルナーチャラ山を巡回するギリプラダクシナも必要だが、この毎日の大きな存在、アルナーチャラ山に譬えられるものと同じ存在への感謝こそ必要ではないだろうか。

● *Kundalini by Gopi Krishna*

● *The secret of Yoga by Gopi Krishna*

クリシュナマーチャリヤのヨーガ・マンディラム
(チェンナイ)

玄関前のパタンジャリ像

クリシュナマチャリヤのヨーガマンディラム

２０１６年に放映になった映画「聖なる呼吸」（Breath of the Gods）で紹介された、クリシュナマチャリヤのヨーガマンディラムはチェンナイにある。玄関前には、パタンジャリの像があったのが非常に印象的だった。しかし、訪れた時は、もうアーシュラムというよりは治療院のようになっていて、映画で紹介されたような状態ではなかった。

クリシュナマチャリアの書いたグランタマーラー（ग्रंथमाला）（右の写真）などを購入。サンスクリット語の詩句にこのようなことが述べられている。

ヨーガは絶対に止めてはいけない。胃にもたれ、良くないものを口にしてはいけない。いつも至上者への祈りを忘れず、正しい呼吸に気づきなさい。

（３１）

माकुरु माकुरु योगत्यागं मा मा भक्षय तामसमन्नम् ।
प्राणं बन्धय नियमान्नित्यं भज भज भगवत्पादद्वन्द्वम् ॥

すべてのことが、この詩句に書かれている。食のこと、根源である至上者のこと、そして呼吸。

２０２０年は、人類にとって未曾有の危機に直面して始まった。

新型コロナウイルス（COVID-19）である。食や食の習慣、仏教に基づく身土不二の原則がなくなり、昔の食生活とは根本的に変わってしまった。「地元の、旬の食物を食べる」という原則が崩れ欧米風の食生活、食習慣に変化してしまったのである。自宅で食事を摂るのが当たり前であったのが、ライフスタイルが変化し、外で飲み食いをする。酒やタバコ。今回の新型コロナウイルスもウイルスがくっつきやすい人とそうでない人とがあるという。

今、イタリアは悲惨なことになっている。ローマでコロセウムを、また、映画「グラディエーター」を見たとき、各地に建設された巨大なテーマパーク、巨大化したスポーツのオリンピックやサッカーなどのイヴェントを重ね合わせてみるとき、そこには不思議な類似性のあることに戦慄をおぼえさせられる。為政者は、いつの時代も、民衆の目を他へそらさせる。何もかも中国という世界の巨大な製造工場に依存し、経済優先の２１世紀のわれわれの生活が、新型コロナウイルスによって一瞬にして破壊されるであろう局面に遭遇したとき、目を覚まさないといけない。

マハルシは書いている。「就寝中、心は吸収された状態になっていますが、呼吸は停止していません。呼吸は、心が物質的な姿になったものです。死が訪れる時まで、呼吸は身体の中に留め置かれます。」新型コロナウイルスは、その呼吸を強制的に奪っていく。

至上者は、「どこか、何かがおかしい。（Something is basically wrong somewhere.）」という感覚の麻痺に気づかせるために、人類に今回の警鐘を鳴らしたに違いない。ここで大転換しないと、また、元の木阿弥に戻ってしまう。ＧＡＦＡにスマホでアクセスしても、それは至上者からの声ではない。毎日、ごく当たり前のことが繰り返せていることほどの奇跡は他にない。

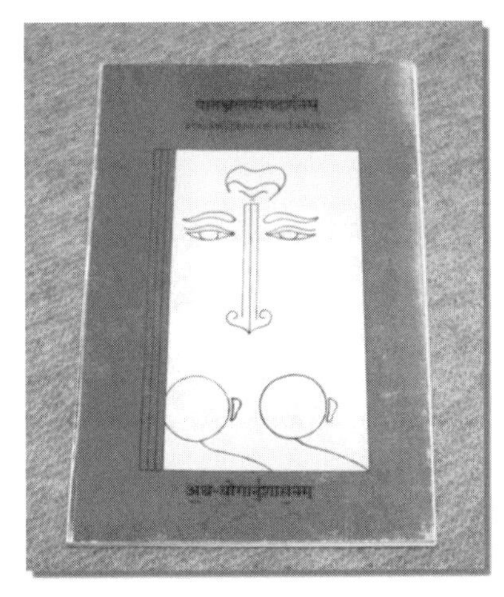

写真は、イギリスの古書店から購入した１９８５年の初版と思われるクリシュナマチャリヤ「ヨーガスートラ」の楽譜に当たるチャンティング用の記譜とアーディシェーシャーシュタカム（आदिशेषाष्टकम्）である。

アイエンガーの姉はクリシュナマチャリアの奥さんに当たり、彼は弟子となる。２人ともハタヨーガのスペシャリストで世界中にハタヨーガを広めた覚者だが、このように、わざわざチャンティング用の楽譜にあたるものを残しているのは、唱えることにより、人の声以外に倍音にあたる**天上の声**が聴こえてくるからに他ならない。クラシック音楽同様、それは体験しないと分からないし、そのように演奏できる音楽家も少なくなった。ベルリンフィルの指揮者だったチェリビタッケのブルックナー交響曲第７番など、神を感じる演奏で、ミュンヘン・フィルハーモニー（１９９０）やロンドン交響楽団（１９８０）と共に来日し、その演奏は今も語り草となっている。生前は、一期一会の演奏を重視、スタジオ録音を排除、商品化を嫌ったので、没後、実況録音の海賊版などが出回り始めた。そのため、遺族の英断によって演奏記録のCD、DVD化が計られリハーサルの模様や若者の音楽教育なども含めて、われわれはそれを知ることが可能となった。言葉には限界があり意味は伝わらないと、著書も残さなかったが、唯一ミュンヘン大学での講演「音楽の現象学」がある。

クリシュナムルティの学校

クリシュナムルティ・ファウンデーション

クリシュナムルティ・ファウンデーション

同じチェンナイにあるクリシュナムルティの学校は、この日お休みだったので、残念ながら見学できなかった。代わりに、クリシュナムルティ・ファウンデーションを見学。門を入ると広い敷地内には、静けさが漂っていて、美しい木々にはカメレオンまでいたのには驚かされた。建物の中では、この日、クリシュナムルティの講演の模様をビデオでみるための準備がされていて、そのテストのためのプレイバックを見せていただいた。よく透る声のクリシュナムルティの姿をカラーで初めて見た。２００８年に、ＤＶＤブックが日本で発売になったが、恐らくその中に収録されているのではないだろうか。クリシュナムルティの本は、翻訳がたくさん出ていて容易に入手できる。瞑想や、愛や、沈黙や自由について語っているが、心の反映としての第１人称の「私」を使わずに、第３人称で語りかける。彼がたびたび言うように、「観察する者は、観察されるもの（ The observer is the observed.)」だからである。

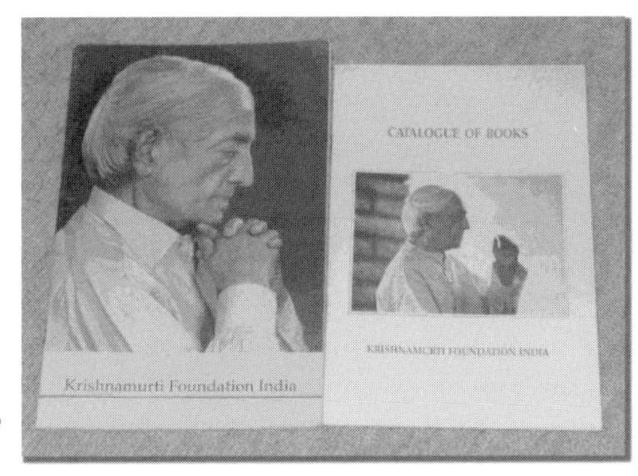

ファウンデーションでもらった本のカタログ

ただ、どの本も、まるで一人の翻訳者が訳したかのような OSHO Rajneesh の本と違って、翻訳者によって大きな差がある。それは、OSHO Rajneesh の場合は、訳者が代わっても、すべてサンニャーシであるからだ。つまり、真意を掴んでいるサンニャーシか、単なる翻訳家であるかの違いである。クリシュナムルティは、チェンナイ近郊のマダナパル、バラモンの家系に生まれ、神智学会のC. W. レッドピーターによって見いだされ、「東方の星の教団」の指導者（世界教師）として嘱望され同じ神智学会のアニー・ベサントの養子として特殊な育てられ方をされた。しかし、霊的権威をつくってはならないと１９２８年８月２日メンバーを前に自ら解散宣言をする。この有名な宣言は、『クリシュナムルティの瞑想録 The Only Revolution』に資料として収録されている。

彼は、「宗教とは、何が真理で何が真実かを探求することに全エネルギーを結集すること（Together all your energy.）」とＤＶＤブック『変化への挑戦』（英和対訳）The Challenge Of Change の中で述べている。当然のことながら、誰かに、特に、霊的権威に頼って自己を変革しようとしないことに厳しい目を向け、自分をよく観察し探求することの重要性を説いている。そして、私たちの意識は全人類の意識と共通なので、一人が根本的に変われば、他の人たち全員の意識に影響を及ぼす、と言う。

ヨーガに関わっている人でも「瞑想」ということほど理解されていないことはない。クリシュナムルティの著には、前掲書の他にも『瞑想 Meditations』があり、上の写真のようなポケット版もある。

本書１１８頁の写真のように坐っている姿が「瞑想」ではない。

クリシュナムルティは、いろんなところで「瞑想」について述べているが、上掲書からいくつかを紹介しよう。

●瞑想とは、思考の停止した状態です。

Meditation is the ending of thought.

●心が静寂になった状態が瞑想です。

Meditative mind is silent.

●瞑想とは、花が開くように理解が深まり気づくことです。

Meditation is the flowering of understanding.

●瞑想は、バスに座っていても、光射す森や木陰の中を歩いていても、小鳥のさえずる声を聴いていても、妻や子供の顔を眺めていても起こります。

Meditation can take place when you are sitting in a a bus or walking in the woods full of light and shadows, or listening to the singing of birds or looking at the face of your wife or child

ミーナクシ寺院（マドゥライ）

マドゥライの案内ブロシュア

ミーナクシ寺院（マドゥライ）

マドゥライへは、インド国内航空で飛ぶ。ホテルで休憩して、その中のお店をのぞくと、こんなところにも「バガヴァット・ギーター」のサンスクリット/英訳本があった！たったの90ルピー。

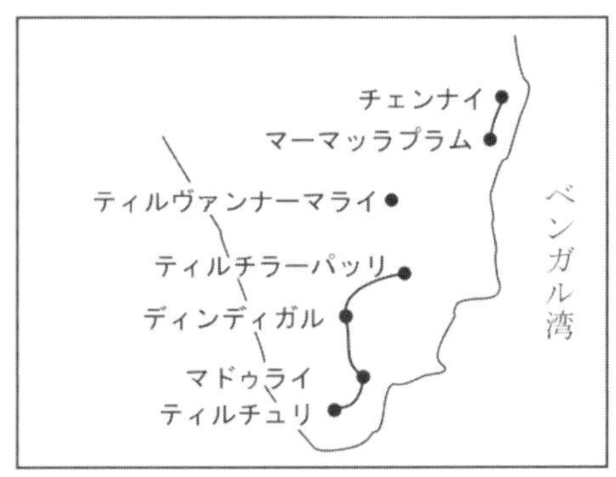

驚いたことに、Sankara's Gita Bhashyaだった。

午後に訪れたミーナークシ寺院のあるマドゥライは、パーンディアン王朝の都で、歴史が２０００年を超えるインドでも最古の都市の一つだそうである。現在の人口は、１２０万人を超えミーナークシ寺院を中心にしたいわゆるTemple City（門前町）の景観をなしていて、まず驚いたのは、１１本もあるゴープラム（門塔）で巨大なものは、７０ｍほどもあった。特に、南門の偉容は圧巻で、マハリシがいつもここから入ったと言われるこのゴープラムは、おびただしい像の帯からなり高さが１１階もあってちょっとカメラには入りきらない。

入り口近くもそうだが、南インドでは、あちこちに美しく編んだ花輪を売っている女性がいて花のいい香りが漂う。靴を預けて中に入ると、まず目につくのが広大な回廊に囲まれた、ゴールデン・ロータス・タンクと呼ばれる巨大な沐浴場である。それを眺めていると、マドゥライの小冊子を売りに来たので買い求めたが、１冊１０ルピーだという。裏返して価格をみると５ルピーと書いてあるので、もう１冊、というとシブシブ渡してくれる。確認しない方が悪いので、こんなことは、インドではしょっちゅう起こる。後で、ここのゴープラムが見渡せるジュータン屋さんのビルの屋上へ行くことになるが、このお店にはいいものがたくさんあった。チャイなどを頂いている間に、シルクの敷物やジュータンなどを見せてくれるが、奨めるのがとてもうまい。「あなただったら、どれが綺麗だと思うか」から始まって、答えていくとしまいには買わされてしまうので、「全部、綺麗すぎて、部屋から直さないと敷くところがない」と言うと、向こうが笑い出してしまって、矛先を他の人に向け出す。

買い物はゲームのような感覚で、じっくりと時間をかけるようだ。なんでも一年間かけて価格を交渉し、何十年も大事に使うそうである。せっかちな日本人には、買い物はできない。ゴープラムや、この巨大な寺院を見ていると、１００年で出来なければ次の１００年、また１００年でというような息の長さが感じられる。

同夜、ミーナークシ寺院に行く途中にある、ラマナ・マンディラムを訪れる。チェンナイのマハルシ協会の会長さんが出迎えて下さる。プージャが行われていて、「アルナチャラ・シヴァ」の響きが、明るく、力強く、私にもこうしたチャンティングの意味がだんだんと理解できるようになった。歌っている自分、それを聴いている自分、身体中にヴァイブレートする振動を感じている自分。プージャが終わって、2 階のマハリシが死の体験をした部屋を通り、奥の部屋で 30 分少々瞑想。こういうことが実現するって、一体どういう巡り合わせなんだろう。

昼間の南門とは違った方向へと夜の門前町を歩くが、その賑わいはもの凄いものである。

翌日は、ティルチュリのマハルシの生家を訪れた。ティルチラパッリとよく似た名前のところがあり、非常に紛らわしい。ガイドさんも間違えそうになられた。ちょうど反対方向になってしまう。マドゥライからは、南へバスで２時間ほどのところだ。ここでは、生家からすぐ近くにあるブミナテシュワラ寺院を訪れる。地球が大洪水に襲われた時、シヴァ神が三度救ったと言われている話を聞いた。歴史を感じさせるお寺の柱や、これは新しく着色されたとみられる天井のカラフルな色が素晴らしい。

ティルチュリを出発して、マドライへ戻り、ディンディガル、そしてティルチーラパッリへと向かう。

A Pictorial Biography に、ヴィルプラム駅の写真が載っているが、マハルシは、この駅経由のティルヴァンナーマライまでの直行便ができたことを教えてもらったのである。しかし、途中までの切符しか買うお金がなく、マンバラパトウ駅からティルヴァンナーマライまで約48Ｋｍの道のりを歩かざるをえなかったようで、その途中、約18Ｋｍのところでアラヤニナルール寺院を見つけ、そこで一休みしているところを僧に中に入れてもらう。

このアラヤニナルール寺院からアルナーチャラの初めての眺望が見られるが、前述のように、ここまでたどり着いて、アルナーチャラが見えたときのマハルシの気持ちはどんなだったろうか！

岩石寺院

マーマッラプラムの「アルジュナの苦行」の大レリーフ

マーマッラプラム

マドゥライの南約６０Ｋｍのマーマッラプラムは、マハーバリプラムとも呼ばれる有名な観光地。パッラヴァ朝の首都カーンチプラムの外港として栄えた所で、ヴィシュヌ神に退治された悪魔マハーバリがおさめられていた場所とか、本には書かれてある。訪ねた遺跡は、岩石寺院で、ここで初めて海を見た。日本海のくすんだ冬の海の色、オーストラリアの紺碧の海の色、そして、ここベンガル湾の海の色と、それぞれ特徴があって、同じ海の色でもこのようにまったく異なるのは実に不思議だ。

８世紀に建てられてからの年月と、海岸寺院と呼ばれるように、足元は砂地で、海に隣接しているため潮風による傷みが激しく修復作業が行われていた。ここは石積寺院であったが、この南にあるパンチャ・ラタは岩石寺院で、とてつもなく巨大な１つの岩石からくり出して、５つの寺院が出来ているそうである。この遺跡群の中で、特に「アルジュナの苦行」のレリーフは素晴らしい。右の写真のように、中央に縦に溝があり、下から上へ修行の階梯が彫られている。大きさは、縦が約１３ｍ、横が約３０ｍほどあるそうで、多くの神々や人間、動物が岩石一面におびただしく彫られているが、特に象の姿は大きな姿で彫られてい

る。また、左側のヴリクシャ・アーサナがひときわ目立つ。

また、マーマッラプラムの巨岩（左の写真）は非常に有名。帰りのバスの中から見ると至る所に石工の店があって、そこに並べられた石像などから、こうした見事な彫刻が今に至るまで、連綿と伝えられていることが分かった。もう少し時間があれば、これらの工房を訪ねて見たかったし、重くても小さな石像も購入したかった。ここは、もう一度、是非、訪ねたい所だ。

日々の感謝の祈り

バクティがしやすいような環境は自分でつくる。

経机にマハルシの写真を飾っている。

アルナーチャレシュワラ寺院でもらった聖灰も。

新築なった２年後のラマナ・マトリキュレーション・スクール
（関東・田淵さんと関西・私のグループの訪問を歓迎してくれる）

ラマナ・スクール代表者の方からノーブル・タスクの
お礼としていただいたガネーシャ。

ラマナ・スクール

教室訪問

正式には、シュリー・ラマナ・マトリキュレーション・スクール、いわゆるラマナ・スクールは、アルナチャラン・トラストが経営を支援している非営利の学校で、授業料などを支払える町の生徒のほか、経済的に貧しくて、生活にも困窮している児童（難民の児童も含む）、教育が受けられなかったり、医療のサポートが必要な児童を預かっている。タミル・ナドゥ州からの援助のほかにも、スポンサー・シップが必要で、シェーマ１から４までがあり、スコットランド、アルゼンチン、インド、日本、フランス、スウェーデン、アイルランド、アメリカ各国の人たちがノーブル・タスク（Noble Task）をしていることを同行した東京の田淵さんから聞き、私も一人の生徒さんをサポートすることにした。その後、田淵さんは関東の、私は関西のスポンサー・シップの窓口をすることになる。

田淵さんは、関空で初めてお会いしたのだが、不思議なことに家内の方は、別のセミナーか何かでお会いしたことがあり、すぐに親しくなった。いつも小さな折り紙を折っておられ、今度、このラマナ・スクールへ持って行かれる折り紙を夜は時間があるので、家内が少しお手伝いしましょうと預かった。

サマーディホールへ行く途中、それを届けようと宿舎に立ち寄ると一人のインド人の方が来られていて、あなたの友達か、そうなら一緒にわが家へ招待しようということになり、はからずもその家庭に招かれることになった。田淵さんは、前日、サマーディホールでこのインド人の方と知り合ったそうである。

オート力車に乗ってティルヴァンナーマライの町へ。お名前はなかなか覚えられなかったので、勝手に秀丸（スグマル）さんとニックネームを付けてしまった。ご家族と従兄弟の方たちが歓迎して下さった。美味しいお菓子やお料理。モノクロＴＶや大きな冷蔵庫もあり、裕福なご家庭らしい。従兄弟の方も、カシオの時計Ｇショックが自慢だった。

しかし、何よりも温かい気持ちの交流が最高で、今まで招かれたアメリカやオーストラリアの家庭すべてに共通なことであった。食事が終わって屋上へ上がれ、と言われて上がると思わず息を呑んだ。

こんな夜景があるのだろうか！

左手に聖なるアルナーチャラ、右手にアルナーチャレシュワラ寺院が浮かび上がっている。世にも美しい光景。思わず合掌したくなるような気持ちが自然に起こる。

秀丸（スグマル）さんに「あなたは最高の環境にお住まいですね」と言うと、バガヴァンに感謝しています、とおっしゃった。行きも帰りもオート力車代を払おうとすると、にっこり笑って、それを遮られた。

当時、この学校は１５０人くらいのこじんまりしたものだったが、下は３歳児くらいから、中学生までの生徒が通っていた。教える側と教わる側が、師のそばに、または、近くに坐る関係を保っていて、教室は、黒板こそあるものの形ばかりの机と長椅子しかなく、教科書やノートも粗末な紙質のものでありながら、生徒の授業に対するまなざしは素晴らしいものだった。授業は英語で、３歳からタミル語を、さらに上の学年になれば、公用語であるヒンディー語も習うというふうに、まず、語学からしっかりとした学習が進められている。コンピューターは、当時は、まだ高価で教室にはなかったものの、日本よりは進んでいてテキストによる授業はちゃんと行われていた。実習も、月に１～２度コンピューターのあるところへ行って実習させるとか。ハードのコンピューターがあっても、先生がいない日本よりはるかに進んでいて、教育は物でなく人であることが分かる。

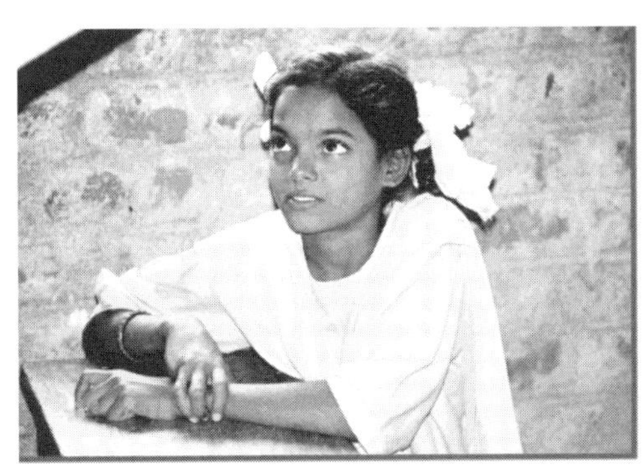

学ぶ姿勢～心の純粋さ

インドの聖者の一人、ヴィヴェーカーナンダは、教える者と教わる者について次のように述べている。

●教える者の資格

１．ものごとに対する本当の意味・精神を知っていること
２．心の純粋さ

３．生徒に対する純粋な愛情

●教わる者の資格

１．心の純粋さ
２．熱心さ
３．強い忍耐力

さて、２年後に再びラマナ・スクールを訪ねて驚いたのは、平屋立てだった校舎は整備されて３階建てとなり南インドに多く見られるように３階の屋根は植物の葉で葺いてあり、吹き抜けになっていた。

前夜、夕食を済ませた頃、わざわざアーシュラマまで訪ねてきて下さったラマナ・スクールの代表者のお部屋で、まず教育の神様にお祈りし、新しく作成されたビデオＣＤを見せていただく。

さて、やっと学習が出来る環境となった教室の授業を参観させてもらう。各教室は、２年前と同じ質素なもので、学年ごとに独立した部屋になったものの、黒板に机と長椅子だけなのは同じ。学用品も低学年の生徒は、写真のように、ノートは使わず石版のようなものに書いては消せるボードを使っていた。

３階から２階、１階というふうにすべての授業をゆっくり見学させてもらい、ティー・ブレイク。その後、別館に移ってモダン舞踊を含む伝統的な民族舞踊で歓迎会。素晴らしいリズム感と身のこなしは、本当に感心させられる。

ヨーガは、授業のひとつになっていて、さすがに坐を取るとピタリと決まる。私も参加させていただいた。５～７くらいのアーサナと呼吸法、それに瞑想もある。

お昼は、代表者の奥さまの手料理をご馳走になる。渡辺玲さんの本、『ごちそうはバナナの葉の上に』の通り、大きな葉っぱの上においしい料理が盛りつけられた。

柳田侃先生に頂いた本

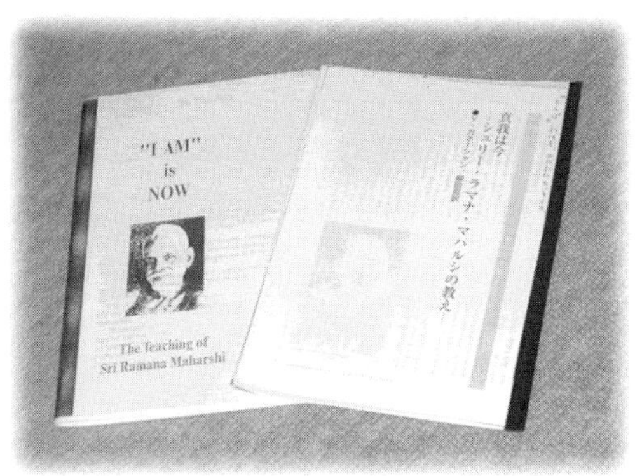

同じく、ガネーシャン師著・柳田侃訳『真我は今～シュリー・ラマナ・マハルシの教え』

“ I AM “ is NOW. The Teaching of Sri Ramana Maharsi by Sri V.Ganesan

シュリー・Ｖ・ガネーシャン師

シュリー・Ｖ・ガネーシャン師は、柳田侃先生のご尽力で１９９９年に来日、５月１５日に神戸で、その後の５月１６日に京都での講演が決まっていた。

師はラマナ・マハルシの実弟ニランジャナーナンダ・スワミの孫に当たる方で I AM is NOW. の著がある。雑誌 The Mountain Path の編集長もされていた方で「ラマナ・マハルシとヨーガ」の講演が聴けると楽しみにしていたが健康上の理由で直前に中止となった。講演後、５月１８日には福井県高浜のあるお寺にも来られ、神戸の会員にも会うのを楽しみにしておられたそうで、先生からお誘いも受けていただけに大変残念なことであった。

また、ラマナーシュラマ訪問の際に、われわれと一緒に写真に入って下さったのは、後で調べてみたら、シュリー・Ｖ・Ｓ・マニ師で同じく、ラマナ・マハルシの孫に当たる方であった。

さて、講演は実現しなかったが、頂いた本は素晴らしく柳田侃先生の訳から内容を紹介すると、次のようなことが書かれている。

この母なる大地に群がる五十億の人びとは、各人が自分自身について言うとき、「私」という以外にどのような呼び方をするでしょうか。国は違い、言語は異なるかも知れませんが、自分自身について言うのは、常に変わることなく「私」としてだけなのです
全世界の人びとが単一の一語「私」だけを使わざるを得ないということは、驚くべきではありませんか！（中略）「私」と心は同じ意味なのです。（『とんぱ』９７頁　創刊号出帆新社１９９８．１０.）

OSHO Srī Rajneesh の

India My Love

『私の愛するインド』

（スワミ・プレム・グンジャによる翻訳がある）

インドを旅する人に

１９６５年にＮＨＫが招聘したスラブ・オペラで、ムソルグスキー作曲「ボリス・ゴドノフ」を観たことがある。全オペラの中でも最も優れたものの一つであるが、１６世紀から１７世紀にかけてのロシアの歴史が背景にある。

ストーリーは、先帝の病死後、皇位継承権のある幼い皇太子を暗殺し皇帝になったボリス・ゴドノフが、実は皇太子は生きているとの噂が広まり、やがて機に乗じた偽皇太子が現れて反乱を起こし、遂には良心の呵責から気が狂って絶命する。決して明るい題材ではないが、伝説のバス歌手チャンガロヴィチが歌うボリスの苦悩は、聴衆にひしひしと伝わった。

しかし、このオペラは、もう一つ、冒頭と終幕にしか登場しない人物に強い印象を受ける。それは、テノールで歌われる白痴の役である。オペラでは、終幕、ロシアの将来を憂いて「民よ泣け、暗闇が来る！」と歌う。

OSHO Rajneesh は、その著 The Art of Dying（右の写真）で、愚者には「単なる愚か者」、「学のある愚か者」、「祝福された愚か者」の３つがあると言う。２番目の「学のある愚か者」の典型は「知の巨人」などと言われる人で、OSHO Rajneesh は、

一番目から二番目には誰でも成長するとなれるが、二番目から三番目の愚か者にはなれる人となれない人があると言う。ある時、ある瞬間に、その人に電光や稲妻のような気づきが起こり、今までたまっていたものがすべて落ちて「空（から）」になり「祝福された愚か者」になる。それが、このオペラ「ボリス・ゴドノフ」の白痴である。調べてみると、この言葉は、Holy Fool 「聖愚者」、「至福者」の意味で、「佯狂者（はんきょうしゃ）」とも言われる。「佯（はん）」とは「見せかけの」という意味、即ち、「愚か者に見えるが、真理に気づいている人」のことである。彼は、真実を語るが、ボロを纏い、人からも馬鹿扱いされているため、時の権力者によっても殺されることはない。一番始末の悪いのは、２番目の「学のある愚か者」で、知らないのに知っていると思い込んでいる人。「祝福された愚か者」こそ Holy Fool で、真理を明らかにする。それがサンニヤーシである。OSHO Rajneesh 講話の本は膨大な数にのぼる。人々は彼を師と仰いだので Holy Fool として振る舞えなかった。そのためにキリストのように迫害を受けたが彼の語る真理の火は、誰も消せなかった。

「まえがき」で述べた India My Love （翻訳 スワミ・プレム・グンジャ『私の愛するインド』）の言葉をもう一度かみしめよう。

少しでも瞑想的な心を持ってこの国を訪れる人は、そのヴァイブレーションに触れることができる。ただの旅行者として来れば、それを逃すことになる。崩れ落ちた建物、宮殿、タージマハール、寺院、カジュラホ、ヒマラヤ、こういったものを見ることはできても、インドを見ることはできない。（同書３頁）

参考文献（第３部）

1. *Bhagavan Sri Ramana A pictorial Biography* : by Sri Ramanasramam

by Dayananda Verma

2. *SRI MAHARSHI　A short Life – Sketch*

3. *Kundalini, The Evolution Energy* by GOPI KRISHNA

4. *The Art of Dying* by OSHO Rajneesh

5. *India My Love* by OSHO Rajneesh

6. *KRISHNAMACHARYA GRANTHAMALA*

7. 『沈黙の聖者　ラマナ・マハルシ　その生涯と教え』柳田侃著

8. 『ヴェーダパーダサーラ随想』柳田侃著　（東方雑華　第１０集）

9. 『続ヴェーダパーダサーラ随想』柳田侃著　（東方雑華　第１１集）

10. 『南インド』辛島登・坂田貞二著

11. 『ごちそうはバナナの葉の上に』渡辺玲著

12. 『私の愛するインド』翻訳 スワミ・プレム・グンジャ

13. 『般若心経を解く』藤倉啓次郎著

14. 『アニル教授との三十五年～年表風回顧録、ある日印文化交流』
中島翠巖著

13. 『クンダリニー』ゴーピ・クリシュナ著・中島巌訳

14. 『チェリビダッケ 音楽の現象学』セルジュ・チェリビダッケ
石原良哉訳

15. You don’t do anything. You let it evolve.(DVD)

16. Cergiu Cheribidache’s Garden(DVD)

17. Firebrand and Philosopher(DVD)

あとがき

柳田侃先生の『ラマナ・マハルシの言葉』は１９９６年7月１6日に、初版が奇しくも私のお世話になっている東方出版から出ているのを知って大変驚いたのは、初めて東方出版さんを訪れ、今東会長さんから同書を見せてもらった時のことだった。私は、まったく気がつかなかったのである。

翌１９９７年に柳田侃先生から、本訳はインド滞在中に出版されたため、校正が出来なくて多くの誤記・誤植が生じたとおっしゃって、わざわざ正誤表を送ってきて下さった。本当に誠意にあふれた方で、こうして先生が伝えようとされたことを次の世代の人に伝える役割が果たせ、多少でもご恩返しが出来たことを幸せに思っている。

２０２０年、人類は新型コロナウイルスという未曾有の危機に直面した。今も世界中に拡がり、今後どのように収束するかは誰にも分からない。それを解決できるのは「祝福された愚か者」にしかできない。「学のある愚か者」の創ったＧＡＦＡから得られるものは、AI を駆使したものでも、所詮は人智である。われわれ自身が、クリシュナムルティが言ったように、瞑想（”Meditation is the ending of thought.”）の力によって、「ありのまま」が見える「祝福された愚か者」に変身しない限り、この大きな転換期を乗り越えることは難しいだろう。

時代は、良くも悪くも移り変わる。新型コロナウイルスの影響で人々は、ステイ・ホームを余儀なくされた。私は、この間に、２つの事柄を体験した。１つは、ドイツ・ベルリンフィルの演奏アーカイヴスをオン・ラインで有料視聴したこと。この中に、ニキシュ、フルトヴェングラー、その跡を継いだチェリビダッケがベルリンフィルを離れ、３８年後に戻ってきて指揮したブルックナーの交響曲第７番とそのリハーサルシーンを収めた記録映画のTHE TRIUMPHANT RETURN（A film by Wolfgang Becker）があった。改めて、その凄さに驚くと共に、もう少し彼のことを知りたくて、CELIBIDACHE You don't do anything --- You let it evolve(A Jan Schmidt Garre film）などを見てみると、とても並の人物ではないことが、ひしひしと伝わってきた。

彼は、ルーマニアの出身で、フルトヴェングラーの後継者としてふさわしかったが、団員は彼を望まずカラヤンを選んだ。チェリビダッケの、音楽の真実の姿を追求する厳格なリハーサルのやり方は好まれず、一方で、時代はLPレコードからCD、やがて、音楽の「見せる化」(LD,DVD）を、カラヤンは、目ざとく予測し、自己顕示欲とも合致して映像化をはかった。そのため、クラシック音楽は一変し、音楽の大衆化・商業化は一気に進行した。しかし、実演を重視し録音を嫌ったチェリビダッケの映像も、遺族の英断によって、こうして見ることが出来るので、時代は良い方向にも悪い方向にも移り変わるのである。

チェリビダッケは、述べている。「音楽とは何か？」それは定義できないものであり、音楽の美しさはオトリ、その背後にあって、思考の枠を超えたものであり、真理は体験するものである、また、音と人間の内面の世界の間に呼応するものがあるから、音楽というものが成立する、と言っている。

同様に、「ヨーガとは何か？」という問いに対してパタンジャリは、「心になる前の、動き回る原子の粒が、①　動かなくなって、②　消えていく」、つまり、チェリビダッケが言った思考の枠を超えたところの状態で、体験するものだ、と同じことを言っている。
さらに、チェリビダッケは、「理解する」とは、まだ「認識段階」で、理解したからといって、その世界に入ったとは限らない。それぞれの人が体験することだと強調している。皮肉なことにカラヤンの「見せる化DVD」は、実演記録が映像化されただけのチェリビダッケのそれと違って、視聴者との間に音楽が成立しない。こんなことはカラヤンに限らずよく起こる。何故なら、最初からスタジオ録音・録画されたものと、実況録音・録画されたものとの違いで、商品化される場合は、画像も音も細部まで編集される。それが多くの場合、音楽の肝心なところを一緒にきれいさっぱりと取り除いてしまう。”Notes have no value.”とチェリビダッケが述べているように、音楽は音符の再現ではない。また、彼が、若い学生オーケストラを指導・指揮する場合も、パートナーとなったミュンヘンフィルを指揮する場合も、ベルリンフィルの場合も、まったく同等にアプローチし、一切差別がないのでプロ、アマチュアに関係なく視聴者との間に常に呼応する音楽体験が成り立つ。
もう１つは、４月１９日にＮＨＫ「こころの時代」で旧約聖書「コレヘトの言葉」が放映され、たまたま、それを見たこと（どういうわけか、放送は１回限りで、秋まで延期されてしまった）。
この中で、２０１８年に出た、聖書協会共同訳（口語訳）と従来の新共同訳（１９８７年）とが紹介されていて、非常に興味深かった。というのは、紀元前３世紀から紀元前２世紀頃に書かれたらしいこの旧約聖書の伝道者コレヘトの言葉は、出だしが、まるで「般若心経」に書かれているのと同じようなことが書かれてあったからである。その口語訳とは、コレヘトは言う。
空の空、
空の空、一切は空である。（註）

（註）ＮＨＫこころの時代テキスト　それでも生きる・旧約聖書「コレヘトの言葉」小友聡　特別付録「コレヘトの言葉（全文）」１６０頁、従来の新共同訳では、

コレヘトは言う。
なんという空しさ、なんという空しさ、
すべては空しい。

また、私の持っているドン・ボスコ社の旧約聖書でも、

空しいことの空しさ、とコレヘットはいう。
空しいことの空しさ、すべては空しい。

となっている。

インドでも聖典の重要な句は、冒頭に書かれていることが多く、この訳文が異なれば、以降の理解がまるで違ったものになる。この意味で、聖書協会共同訳（口語訳）であれば、洋の東西を問わず、やはり同じ真理を伝道者は伝えようとしたことが分かる。

この**空なる全体**とは、拙著『ブッダの言葉とタントラの呼吸法』の６６頁〜６７頁や７１頁で説明した通り、目には見えない「エネルギーが充満し常に振動している空間の拡がり」、Expansion of the void of contents.という Mark S.G.Dyezkowski の説明が最も適切である。そして、「般若心経」でも説明されたように、われわれの心（想念・言葉と名付け）によって色（form&named）として顕在化する。これもまた、OSHO Rajineesh の説明通り、「このエネルギーの粒子の素早い動きが物質という幻影を作る」のである。従って、このコレヘトの言葉も、同じことを言っているので、以下、

（1－4）世は去り、世は来る、しかし地は永遠に変わらない。

と、それを読む人に、理解や気づきが続いていく訳である。

従来の「般若心経」同様、われわれの想念・思考から**幻影としてこの世界**が顕れた時に抱く「空しい」とか「儚い」とかといった、それぞれの人が抱く感情を、「常に振動している空間の拡がり」の**空**と混同してしまってはならない。

シュリー・ラマナ・マハルシは、ヨーガという言葉や、専門用語を一切使わずに真理についてわれわれに語ってくれた。それをもう一度、第１部に戻って読んでいただきたい。

東方出版さんをはじめてお訪ねし、今東成人氏にお会いしてから、この数年間、ずいぶんとお世話になった。しかも、このマハルシに関する本ほど、嬉しいことはない。あらためて感謝する次第である。

●著者略歴

真下 尊吉（ましも たかよし）

慶應義塾大学 経済学部卒。コンピューター・インストラクター、Ｗｅｂデザイナーをする傍ら、佐保田鶴治先生の流れの故熊谷直一氏、故番場一雄氏に師事しハタヨーガを学ぶ。助教授資格取得。サンスクリット語は、言語学者で哲学博士のアニル・ヴィディヤランカール先生にイントロダクトリー・サンスクリットを学び、その後、チンマヤ・ミッションにてアドヴァンスド・サンスクリットを学ぶ。また、同ミッションにてバガヴァッド・ギーター全コースを修了。２０１１年より「ニャーナ・プラープティヒ」研究会主幹。神戸新聞カルチャー講師。著書『ハタヨーガからラージャヨーガへ』『サーンキャとヨーガ』『サンスクリット原典から学ぶ 般若心経入門』『ギーターとブラフマン』『ブッダの言葉とタントラの呼吸法』（いずれも東方出版刊）

著書のサポートブログ（既刊書の正誤表などをダウンロードいただけます。）

https://ameblo.jp/maharsi/

ラマナ・マハルシの思想

2020年8月7日　　初版第1刷発行

著　者　　真下尊吉
発行者　　稲川博久
発行所　　東方出版(株)
〒543-0062 大阪市天王寺区逢阪2-3-2
Tel.06-6779-9571 Fax.06-6779-9573
装　幀　　濱崎実幸
印刷所　　亜細亜印刷(株)

乱丁・落丁はおとりかえいたします。　　ISBN978-4-86249-397-2